2018
LA SALIDA

ANDRÉS MANUEL LÓPEZ OBRADOR

2018 LA SALIDA

🌐 Planeta

Diseño de portada: Óscar O. González
Fotografía de portada: Blanca Charolet
Diseño de interiores: Grafia Editores / Felipe López

© 2017, Andrés Manuel López Obrador

Derechos reservados

© 2017, Editorial Planeta Mexicana, S.A. de C.V.
Bajo el sello editorial PLANETA M.R.
Avenida Presidente Masarik núm. 111, Piso 2
Colonia Polanco V Sección
Deleg. Miguel Hidalgo
C.P. 11560, Ciudad de México
www.planetadelibros.com.mx

Primera edición: febrero de 2017
ISBN: 978-607-07-3873-9

Impreso en los talleres de Litográfica Ingramex, S.A. de C.V.
Centeno núm. 162-1, colonia Granjas Esmeralda, Ciudad de México
Impreso y hecho en México – *Printed and made in Mexico*

ÍNDICE

INTRODUCCIÓN

EN ESTE LIBRO REAFIRMO MI POSTURA DE QUE LA CO-
rrupción es el principal problema de México y, al mismo
tiempo, convoco a todos los mexicanos, mujeres y hombres, pobres y ricos, pobladores del campo y de la ciudad,
religiosos o librepensadores, a construir un acuerdo nacional y a hacer de la honestidad una forma de vida y de gobierno. En estas páginas explico la manera en que el país
ha sido saqueado y expongo cómo la política neoliberal o
neoporfirista ha originado una profunda desigualdad, mayor pobreza, frustración, resentimientos, odio y violencia.

No me limito a formular una condena a la corrupción
y a hacer un llamado a erradicarla por completo; también
propongo cómo hacerlo y planteo una nueva política y
un nuevo manejo económico, así como una estrategia
y proyectos específicos —incluyendo el fortalecimiento

de valores culturales, morales y espirituales— para frenar la decadencia y lograr el renacimiento de México.

Aunque antes de la elección de 2018 se presentará el *Nuevo Proyecto Alternativo de Nación* que ya está siendo elaborado por grupos de especialistas en cada tema, adelanto que algunos de los puntos nodales de la propuesta son gobernar con el ejemplo, desterrar la corrupción, abolir la impunidad, actuar con austeridad y destinar todo lo que se ahorre a financiar el desarrollo del país.

Con esta nueva forma de hacer política y con un recto proceder no hará falta aumentar impuestos ni seguir incrementando la deuda pública, y estoy seguro de que mejorarán las condiciones de vida y de trabajo y se logrará el bienestar material y del alma para la felicidad de todos. En suma, la prosperidad del pueblo y el renacimiento de México se conseguirá, como decía el general Francisco J. Múgica, "de la simple moralidad y de algunas pequeñas reformas".

Espero que estas ideas se conviertan en realidad y de ello me ocupo, pero suceda lo que suceda, este es un testimonio dedicado en lo fundamental a las nuevas generaciones, en el entendido de que si nosotros no podemos regenerar a México porque la sociedad contemporánea no quiso o no supo hacerlo, o no se lo permitieron, ellos, los jóvenes, consumarán esa tarea ineludible.

Agradezco el apoyo que me brindaron en la revisión de este trabajo Jaime Avilés, Jesús Ramírez Cuevas y Laura González Nieto.

DECADENCIA

I. BANDA DE MALHECHORES

COMIENZO CON UNA OPINIÓN CATEGÓRICA: LA CRISIS de México no podrá enfrentarse sin cortar de tajo con la corrupción y la impunidad, lo cual implica cambiar el actual régimen y establecer un orden político nuevo, democrático, promotor de la legalidad, humanista y con el distintivo de la honestidad. Hoy existe una república simulada, no un gobierno del pueblo y para el pueblo. El Estado ha sido convertido en un mero comité al servicio de una minoría rapaz y, como decía Tolstói, un Estado que no procura la justicia no es más que una banda de malhechores. Esta definición de un escritor, que no de un politólogo o filósofo, concebida con sencillez y claridad, es lo más cercano a nuestra realidad política. En México los gobernantes forman parte de la principal pandilla de saqueadores que opera en el país. Lo anterior podría parecer extremo o exagerado, e incluso podría argumentarse que siempre ha sucedido lo mismo, pero la descomunal deshonestidad del periodo neoliberal (de 1983 a la fecha) supera con mucho lo antes visto y no tiene precedente. Constituye un cambio cualitativo en la descomposición institucional.

En estos tiempos, el sistema en su conjunto ha operado para la corrupción. El poder político y el poder económico se han alimentado y nutrido mutuamente y se ha implantado como *modus operandi* el robo de los bienes del pueblo y de las riquezas de la nación. La corrupción ya no es un conjunto de prácticas aisladas e inconexas entre sí, sino un ejercicio sistemático y sistémico. En la época del llamado desarrollo estabilizador, que va de los años treinta a los ochenta del siglo pasado, los gobernantes no se atrevían a privatizar las tierras ejidales, los bosques, las playas, los ferrocarriles, las minas, la industria eléctrica, ni mucho menos a enajenar el petróleo; en estos aciagos tiempos del neoliberalismo, los gobernantes se han dedicado, como en el porfiriato, a concesionar el territorio y a transferir empresas y bienes públicos, e incluso funciones del Estado, a particulares nacionales y extranjeros. No solo se trata, como antes, de actos delictivos individuales o de una red de complicidades para hacer negocios al amparo del poder público, ahora la corrupción se ha convertido en la principal función del poder político.

Ciertamente, la política de pillaje, es decir, el llamado modelo neoliberal, es un catálogo de dogmas y mantras para repetir de manera incansable que las privatizaciones son la panacea; la solución única y perfecta a todos los problemas económicos y sociales del país. Aunque parezca obvio y redundante, según el *Diccionario de la Lengua Española* privatizar significa convertir lo público en privado. Textualmente: "Transferir una empresa o actividad pública al sector privado". No obstante, los pregoneros del neoliberalismo utilizan muchas mentiras para tratar de justificar esa forma de saqueo disfrazada; exaltan el mito de la supremacía del mercado, sostienen que la soberanía es un concepto caduco frente a la globalidad, que el Estado no debe promover el desarrollo ni procurar la distribución del ingreso, porque si les va bien a los de arriba les irá bien a los de abajo. Pero la idea de que tarde o temprano la riqueza "goteará" hacia la base de la sociedad es un sofisma, porque la riqueza no es líquida y mucho menos contagiosa. Los propagandistas del neoliberalismo inclusive han resucitado el viejo criterio conservador porfirista según el cual "mientras haya mundo tendremos un número muy reducido de afortunados, en contraposición con la inmensa mayoría, que luchará en vano por alcanzar los favores de la fortuna"; es decir, buscan con absurdos justificar el incumplimiento de la responsabilidad social del Estado, negar el derecho a la justicia y condenar a quienes nacen pobres a morir pobres.

Aun cuando el neoliberalismo se aplica en casi todo el mundo, lo peculiar o lo característico de México es que este llamado "nuevo paradigma" fue utilizado de parapeto para llevar a cabo los robos más grandes que se hayan registrado en la historia del país. Es necesario reiterar lo que hemos escrito en otros textos: la política económica elitista conocida como "consenso de Washington", empezó a impulsarse desde el gobierno de Miguel de la Madrid (1982-1988) y se profundizó durante el sexenio de Carlos Salinas de Gortari (1988-1994). En esos tiempos se hizo un primer ajuste al marco jurídico para legalizar el pillaje, encubierto con el eufemismo de la "desincorporación de entidades paraestatales no estratégicas ni prioritarias para el desarrollo nacional". Aunque hubo procesos de licitación y rendición de cuentas ("libros blancos"), en todos los casos se sabía de antemano quiénes serían los ganadores en las subastas. Es cosa de recordar que Salinas, su hermano Raúl y el secretario de Hacienda, Pedro Aspe, eran los encargados de palomear, acomodar y alinear a todos los apuntados que participaron en el reparto de empresas y bancos, los cuales, hasta entonces, pertenecían a la nación.

Así, en 13 meses, del 14 de junio de 1991 al 13 de julio de 1992, con un promedio de 20 días hábiles por banco, fueron rematadas 18 instituciones de crédito. En solo cinco años, del 31 de diciembre de 1988 al 31 de diciembre de 1993, se enajenaron 251 empresas del sector público; es decir, se privatizaron compañías como Telmex, Mexicana de Aviación, Televisión Azteca, Siderúrgica Lázaro Cárdenas, Altos Hornos de México, Astilleros

Unidos de Veracruz, Fertilizantes Mexicanos, así como aseguradoras, ingenios azucareros, minas de oro, plata y cobre; ensambladoras de tractores, automóviles y motores, y fábricas de cemento, tubería y maquinaria, entre otras. La entrega de bienes públicos a unos cuantos preferidos no se limitó a bancos y empresas paraestatales. También fueron privatizadas las tierras ejidales, las autopistas, los puertos y los aeropuertos, y se incrementó el margen de negocios para particulares nacionales y extranjeros en Petróleos Mexicanos y la Comisión Federal de Electricidad.

Debe tenerse en cuenta que la política económica impuesta en el sexenio de Salinas fue mantenida durante los gobiernos de Zedillo, Fox y Calderón, y que el grupo original "compacto" salinista que se benefició con el remate de bienes públicos, no solo continuó acumulando riquezas, sino que también fue concentrando influencia política hasta que llegó a ser un poder fáctico situado por encima de las instituciones constitucionales. En los hechos, son los integrantes de este grupo quienes verdaderamente mandan y deciden sobre cuestiones fundamentales en la Cámara de Diputados y el Senado; en la Suprema Corte de Justicia de la Nación, el Instituto Nacional Electoral y el Tribunal Electoral del Poder Judicial de la Federación; en la Procuraduría General de la República; en la Secretaría de Hacienda, y en los partidos Acción Nacional y Revolucionario Institucional. Además, poseen o controlan la mayoría de los medios de comunicación.

Estos potentados, como es lógico, han venido apostando a mantener la misma política de pillaje y han impedido con trampas, dinero y manipulación el cambio de régimen. Fruto de esta práctica antidemocrática fue la imposición de Enrique Peña Nieto como presidente de México. Se trata de un subordinado más de la élite dominante, un personaje limitado y frívolo, cuya utilidad es meramente escenográfica. Sin embargo, este nuevo pelele, por su alto grado de inmoralidad, servilismo e inconsciencia, ha llevado al país a un mayor deterioro en todos los órdenes de la vida pública. No solo hay empobrecimiento y falta de oportunidades de empleo, sino que prevalecen la inseguridad, el miedo y la incertidumbre. Y no debe omitirse que la decadencia se precipitó porque en vez de rectificar y aplicar otra política en beneficio de la colectividad, el régimen profundizó el modelo neoliberal neoporfirista. En tan solo dos años Peña Nieto logró imponer de manera burda y bárbara, en acatamiento servil de la agenda dictada desde el extranjero y con el contubernio de los grupos de poder en México, las llamadas reformas laboral, educativa, fiscal y energética. Se perpetró así un nuevo agravio al pueblo y un ataque más a la soberanía nacional; se socavó la convivencia pacífica y se alimentaron la frustración, el caos y la violencia.

II. PRIVATIZAR, SINÓNIMO DE ROBAR

EN TÉRMINOS DE BIENESTAR COLECTIVO LA POLÍTICA DE pillaje se ha traducido en un rotundo fracaso y ha conducido a la ruina del país. En lo económico y en lo social hemos retrocedido en vez de avanzar. Pero nadie debería sorprenderse: en realidad el modelo está diseñado con el propósito de favorecer a una minoría de políticos corruptos y delincuentes de cuello blanco que se hacen llamar hombres de negocios. Este ejercicio gubernamental es ajeno a políticas públicas pensadas para promover el desarrollo o procurar la justicia. No se trata de atender demandas sociales con fines humanitarios o de acciones para evitar conflictos y violencia; tampoco se pretende gobernar con rectitud y honestidad, sino de ocupar casi todo el aparato burocrático en operaciones de traslado de bienes del pueblo y de la nación a particulares, con el engaño de que eso traerá prosperidad.

Como resultado de este bandidaje oficial, entre otras calamidades se ha producido una monstruosa desigualdad económica y social. México es de los países con más opulencia y pobreza en el mundo. Según una investigación publicada en 2015 cuyo autor es Gerardo Esquivel, maestro del Colegio de México y graduado en economía en Harvard, el 10 por ciento de los mexicanos concentra el 64.4 por ciento del ingreso nacional, y el 1 por ciento acapara el 21 por ciento de la riqueza del país. Pero lo más significativo, la nota, como dirían los periodistas, es que la desigualdad en México se profundizó precisamente durante el periodo neoliberal o neoporfirista. Este mal endémico se agravó y se hizo más patente con las privatizaciones.

También es importante añadir el siguiente dato: en julio de 1988, cuando Salinas fue impuesto mediante un fraude electoral, en la lista de la revista *Forbes*, donde figuran los hombres más ricos del mundo, solo aparecía una familia mexicana, la de los Garza Sada, con 2,000 millones de dólares; pero al finalizar aquel sexenio ya estaban incorporados a ese listado 24 mexicanos más que poseían en conjunto 44, 100 millones de dólares. Casi todos ellos habían sido beneficiados con empresas, minas y bancos propiedad de todos los mexicanos. Luego de estar colocado en 1988 en el lugar 26 entre los países del mundo con más millonarios, en 1994 México llegó a ocupar el cuarto sitio, solo por debajo de Estados Unidos, Japón y Alemania.

La mejor prueba de cómo ha crecido la desigualdad en el periodo neoliberal o neoporfirista la aportan los mismos organismos financieros internacionales que han promovido ese modelo. Por ello es interesante copiar la gráfica con cifras del Banco Mundial y de la Organización para la Cooperación y el Desarrollo Económico, (OCDE) que Esquivel presenta en su estudio.

EVOLUCIÓN DE LA DESIGUALDAD EN MÉXICO
(Coeficiente de Gini)

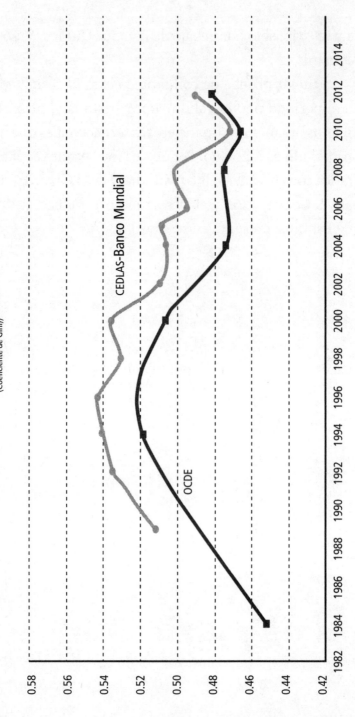

Como se puede observar, la desigualdad ahora es mayor a la que existía a principios de los años ochenta del siglo pasado, y acaso superior a la de épocas anteriores, pero no se cuenta con registros precisos. Sin embargo, aunque Esquivel no lo subraya, en la gráfica se aprecia con mucha claridad la forma en que se dispara la desigualdad en el sexenio de Salinas, cuando fue más intenso y descarado el traslado de bienes públicos a sus socios del llamado grupo compacto. Con Salinas, el desequilibrio entre ricos y pobres se profundizó como nunca. Salinas es el padre de la desigualdad moderna.

Es evidente, pues, que la privatización no es la panacea ni el camino hacia el crecimiento, el empleo y el bienestar. Si así fuera, los efectos ya tendrían que ser perceptibles. A estas alturas es pertinente preguntar puntualmente a los defensores de esa política: ¿en qué se beneficiaron los mexicanos con la privatización del sistema de telecomunicaciones? ¿Es pura casualidad que por calidad y precio de la telefonía e Internet, México se encuentre alrededor de la posición número 70 en el mundo, muy por debajo de los otros miembros de la OCDE? ¿Qué beneficios sociales ha dejado el monopolio de los medios electrónicos —radio y televisión—, cuyos concesionarios gozan de privilegios a cambio de proteger al régimen corrupto con la implantación de prácticas totalitarias que van desde la manipulación y el ocultamiento de la verdad hasta el desprestigio y aniquilación mediática de opositores? ¿En qué se avanzó con la privatización de los

Ferrocarriles Nacionales en 1995, si en estos 22 años las empresas extranjeras no construyeron nuevas líneas férreas, eliminaron los trenes de pasajeros y cobran lo que quieren por el transporte de carga? ¿Cuál ha sido el beneficio para los mexicanos de la entrega de concesiones por 97 millones de hectáreas, un 40 por ciento del territorio nacional (México tiene en total 195 millones de hectáreas) para la explotación del oro, la plata y el cobre? Los trabajadores mineros mexicanos ganan, en promedio, 16 veces menos que los mineros de Estados Unidos y Canadá. Las empresas de este ramo han extraído en solo cinco años el equivalente a toda la plata y el oro que el imperio español extrajo en 300 años, con la diferencia de que durante la colonia, mal que bien se construyeron bellos edificios y templos que hasta hoy se aprecian en los centros históricos de las ciudades mineras y de la capital del país, en tanto que las empresas de ahora no dejan casi nada: ninguna obra ni beneficio social. El colmo es que hasta hace poco no pagaban impuestos por la extracción del mineral, con el añadido de la destrucción y la contaminación impune de nuestro territorio; es decir, estamos viviendo la época de mayor saqueo de los recursos naturales en la historia de México.

Esta política destructiva no ha significado en los hechos nada bueno para el país. En los recientes 30 años no hemos avanzado ni siquiera en términos cuantitativos. Al contrario, en cuanto a crecimiento económico nos hemos colocado incluso por debajo de Haití. La constante ha sido, como se advierte en la actualidad, el estancamiento económico y la falta de empleo, lo que ha obligado a millones de mexicanos a emigrar o a ganarse la vida en actividades informales, si no es que a engrosar las filas de la delincuencia. La mitad de los mexicanos trabaja hoy en forma precaria y sin ninguna seguridad social. Tampoco debemos pasar por alto que, por culpa de la actual política económica, es decir, por el abandono de las actividades productivas y del campo, la falta de empleos y la desatención a los jóvenes se desataron la inseguridad y la violencia que han cobrado miles de muertes en nuestro país. En la revista *Mundo Ejecutivo*, Alejandro Desfassiaux sostiene que "el INEGI y el Registro Nacional de Personas Extraviadas o Desaparecidas (RNPED) reportaron de 2006 a 2015 casi un millón de víctimas de la violencia en México, porque alguien de su familia se cuenta entre los más de 175,000 homicidios o de los 26,798 casos de desaparecidos" y "la violencia y la delincuencia no solo afectan a una persona, sino también a quienes están a su alrededor".[1]

Por todo ello es ilógico suponer que los mexicanos podríamos superar la decadencia con la misma política económica neoporfirista. Por el contrario, y duele decirlo, mientras no haya un cambio de fondo México se seguirá hundiendo. El proyecto actual es inviable y está a punto del completo fracaso. La política económica es una copia fiel de la que se aplicó en el porfiriato, pero ya desde entonces quedó demostrado que ningún modelo funciona si la prosperidad de unos pocos se sustenta en el sometimiento de muchos. Aquel fallido experimento desembocó en una revolución armada (a los que todavía sostienen que el de Porfirio Díaz fue un buen gobierno, bastaría con recordarles que si eso fuera cierto no se hubiera producido una rebelión nacional). Hoy es necesario derrocar al régimen del PRIAN y asociados; tal y como se hizo con Porfirio Díaz, pero sin violencia: por medio de una revolución de las conciencias, procurando el despertar y la organización del pueblo para limpiar México de la corrupción que lo consume. En pocas palabras: en vez de la agenda neoliberal o neoporfirista, que consiste en la apropiación por unos cuantos de los bienes de la colectividad, debemos pensar en construir un acuerdo para elevar la honestidad a rango supremo y convertirla en forma de vida y de gobierno y recuperar de esa forma la gran riqueza material, social y moral de México. Y no olvidar lo que dictaba Morelos hace 200 años: "moderar la indigencia y la opulencia". Procurar que el Estado democrático, por todos los medios legales, distribuya con equidad el ingreso y la riqueza de México, bajo el criterio de que no puede haber trato igual entre desiguales y que la justicia consiste en esencia en darle más al que tiene menos.

III. CONTRATISMO VORAZ

LA CORRUPCIÓN NO SOLO SE LIMITA A LA ENTREGA DE bienes públicos a traficantes de influencias, también se practica en el otorgamiento de contratos de obras y servicios y en la subrogación de funciones y tareas propias del Estado. El contratismo es otro distintivo de la corrupción política. Desde los tiempos de Porfirio Díaz han existido los empresarios predilectos. En aquel entonces, con subvención del gobierno, Weetman Pearson, de nacionalidad inglesa, obtuvo contratos para realizar la obra del Gran Canal del Desagüe de la Ciudad de México, construir los puertos de Veracruz, Coatzacoalcos y Salina Cruz, así como las vías para trenes en el Istmo de Tehuantepec; además, se benefició de concesiones para explorar y extraer petróleo en terrenos nacionales. En retribución a esos favores, el hijo del dictador, Porfirio Díaz

Ortega, se encargaba de la sección de ventas de petróleo y asfalto de la compañía El Águila, y el propio "tirano honesto" vivió en el exilio con cierta comodidad gracias a, entre otras fuentes de ingreso, las acciones que poseía en la empresa de Pearson.

Tras la caída de la dictadura, los negocios al amparo del poder público se volvieron costumbre. Aunque hubo excepciones honrosas, como la del general Francisco J. Múgica, quien gobernó Tabasco solo diez meses y veinte días en el año de 1915; su administración es un ejemplo de honestidad: recibió "la caja de la tesorería con un déficit de 126,000 pesos y la dejó con un superávit de 120,582 pesos, después de haber tenido un gasto de 916,788 pesos en los primeros cinco meses". Este general michoacano, que había sido seminarista antes que militar, reflexionaba así sobre los tempranos frutos de su gestión en Tabasco: "¿De dónde este auge de relativa prosperidad para un erario en bancarrota? De la simple moralidad y de algunas pequeñas reformas".[2]

Sin embargo, casi al mismo tiempo, desde Teapa, donde despachaba, mandó una emotiva carta a Salvador Alvarado, gobernador de Yucatán, a quien respetaba mucho, para pedirle a manera de consejo: "Moralíceme, señor general". Y líneas más abajo se quejaba de las "funestas camarillas" que obtenían contratos cultivando la amistad de los hombres cercanos a Venustiano Carranza.

En 1923, en los tiempos de los cañonazos obregonistas de 50,000 pesos, un revolucionario dijo que de los 28 gobernadores que tenía México, solo dos eran honestos, y razonaba de la siguiente manera: "Lo mejor que puede esperarse, en general, no es un gobernador que no se enriquezca con el puesto, pues casi todos lo hacen, sino uno que mientras roba haga algo por su estado. La mayoría toma todo lo que puede y no deja nada".[3]

El historiador John W. F. Dulles inicia su libro *Ayer en México,* con una referencia a lo que solía narrar Álvaro Obregón sobre la pérdida de su brazo en la batalla de Celaya enfrentando a las tropas de Villa: sus hombres buscaban y buscaban la extremidad sin encontrarla, hasta que un amigo íntimo que "me conocía perfectamente", sacó del bolsillo una reluciente pieza de oro, una moneda denominada azteca, y en cuanto la mostró a los demás "todos presenciaron un milagro: el brazo se vino saltando de no sé dónde hasta el lugar en que había levantado el azteca, se extendió y lo cogió cariñosamente entre los dedos. Fue la única manera de hacer que apareciera mi brazo perdido".[4]

En la gran novela *La región más transparente,* escrita por Carlos Fuentes a mediados del siglo pasado, el personaje central es un revolucionario norteño que llega a la Ciudad de México y con información privilegiada compra terrenos cerca de donde habrían de pasar avenidas, y en poco tiempo los revende a mejor precio por la plusvalía adquirida con la nueva infraestructura urbana. Este personaje, "Robles", pasó de especulador a banquero y terminó amasando una enorme fortuna. En la historia reciente, Gonzalo N. Santos, legendario cacique de San Luis Potosí, escribió en sus *Memorias* que "la moral es un árbol que da moras y sirve para una chingada", en tanto que Carlos Hank González popularizó la frase: "Un político pobre es un pobre político".

Con todo, lo que acontece en nuestro tiempo en materia de corrupción y contratismo no tiene precedentes. Aquellos gobernantes simpáticos, pícaros y sinvergüenzas serían como niños de pecho en comparación con Salinas y otros barones del poder y del dinero que padecemos en la actualidad. Enrique Peña Nieto haría palidecer a más de uno de los presidentes posrevolucionarios. Es pública su vinculación con varias compañías contratistas, aunque dos son sus predilectas: una, la que le es más cercana en todo sentido, es la empresa Higa, de Juan Armando Hinojosa, originario de Reynosa, Tamaulipas, avecindado en Toluca.

El empresario norteño se vinculó a Peña cuando este se desempeñó como gobernador del Estado de México. Desde entonces se convirtió en su contratista favorito. Aquí narro la siguiente experiencia: cuando fui jefe de Gobierno del Distrito Federal, en 2004, construimos en la Delegación Iztapalapa el Hospital de Especialidades "Doctor Belisario Domínguez", con 150 camas y una inversión de 350 millones de pesos; casi al mismo tiempo, siendo Peña gobernador del Estado de México, construyó con Grupo Higa el hospital del municipio de Zumpango, de 125 camas, con un costo de 7,000 millones de pesos;

es decir, 20 veces más caro que el hospital de Iztapalapa. Es importante subrayar que además del gran margen de corrupción, la obra de Zumpango se encareció por el sistema de financiamiento utilizado. En este caso, el secretario de Finanzas del Estado de México, Luis Videgaray, solicitó al Congreso local la aprobación de un contrato por el cual se le entrega a Hinojosa por concepto de capital e intereses 282 millones anuales, y así será durante 25 años. Este esquema denominado PPS (Proyectos para Prestación de Servicios) fue una invención del grupo de tecnócratas salinistas de Hacienda, en los tiempos de Calderón, para comprometer o hipotecar las participaciones federales de estados y municipios. En poco tiempo el mecanismo ha llevado a la quiebra por endeudamiento sin medida a varios gobiernos locales.

La corrupción y el influyentismo quedaron también de manifiesto en Ixtapaluca, Estado de México, donde se edificó un hospital de 225 camas, en 7,500 millones de pesos. La empresa que lo construyó es propiedad de Hipólito Gerard Rivero, cuñado de Carlos Salinas por su hermana, Ana Paula Gerard, y cuñado también de José Antonio González Anaya, casado a su vez con Gabriela Gerard. Cabe subrayar que cuando se realizó ese negocio, en el sexenio de Calderón, este pariente político de Salinas de Gortari fungía como operador de Ernesto Cordero en el cargo de subsecretario de Hacienda. En el gobierno de Peña Nieto su parentesco político lo llevó a ser, primero, director del Instituto Mexicano del

Seguro Social y, actualmente, director de Pemex. No está de más precisar que en el calderonato, Cordero, González Anaya y el actual secretario de Hacienda, José Antonio Meade, crearon y promovieron con aval y dinero público ese mecanismo de financiamiento privado, oneroso y fraudulento.

Pero regresando a Hinojosa, hay que agregar que en el Estado de México Peña Nieto le asignó contratos por 23,000 millones de pesos, con la complicidad del entonces secretario estatal de obras públicas, Gerardo Ruiz Esparza, hoy secretario de Comunicaciones y Transportes del gobierno federal, y que cuando llegó Peña a la Presidencia de la República lo convirtió en el señor de las influencias. Desde el principio del peñato, los contratos que Hinojosa recibió se multiplicaron. Entre los más conocidos destaca la pretendida construcción del tren rápido de Querétaro a la Ciudad de México, con un presupuesto estimado de 58,000 millones de pesos; en este caso, fue tanto el escándalo por denuncias de corrupción que la obra hubo de ser cancelada.

Con el mismo sistema de financiamiento público-privado (Proyectos para Prestación de Servicios, PPS), Grupo HIGA recibió de Rafael Moreno Valle, gobernador panista de Puebla, un contrato para edificar el Museo Internacional del Barroco, con un presupuesto estimado de 12,000 millones de pesos. Otro proyecto que también está impugnado es el acueducto para llevar agua a Monterrey, Nuevo León, desde el río Pánuco, que desemboca en el Golfo de México, en los límites de Tamaulipas y Veracruz. Esta obra, presupuestada originalmente en 55,000 millones de pesos, no se ha cancelado todavía porque el nuevo e "independiente" y "bronco" gobernador de Nuevo León aceptó, con cinismo y complicidad, la oferta de Peña y Videgaray, en el sentido de que el costo de la obra no se cargaría a las finanzas estatales, sino a la federación. Un acto más de influyentismo descarado en beneficio de Higa fue el contrato para ampliar el hangar presidencial, donde se guarda el nuevo avión, *José María Morelos y Pavón*. La obra, que tuvo un costo de 1,000 millones de pesos, no se licitó como lo establece la ley y se asignó de manera directa.

La relación de Peña con Hinojosa es muy cercana. Es público que el empresario constituyó una compañía de aviones y helicópteros que rentaba al gobierno del Estado de México, y ahora al Estado Mayor Presidencial. Cuando era gobernador, Peña hacía frecuentes viajes de fin de semana a Miami en los aviones más lujosos de esa empresa. En ese marco de gran confianza tuvo lugar la operación inmobiliaria entre la esposa de Peña Nieto e Hinojosa, según la cual el contratista le vendió a Angélica Rivera la llamada Casa Blanca, valuada en 120 millones de pesos; lo mismo que la casa de campo de Malinalco, que supuestamente Hinojosa vendió a Luis Videgaray, exsecretario de Hacienda, en 10 millones de pesos y a plazos. Todos esos negocios son en realidad *moches*, como se conoce coloquialmente el soborno. Recientemente, en el escándalo de los Papeles de Panamá, en los que se ventilaron operaciones de lavado de dinero en todo el mundo, se dio a conocer que Hinojosa guarda en el extranjero 100 millones de dólares.

La otra empresa predilecta de Peña es la española OHL. Hasta hace poco el director en México de esta compañía, también protegida por Gerardo Ruiz Esparza desde los tiempos del gobierno del Estado de México, era José Andrés de Oteyza, quien fuera secretario de Patrimonio Nacional del presidente José López Portillo. Otro político estrechamente vinculado a Carlos Salinas, Emilio Lozoya Austin, exdirector de Pemex, también perteneció al Consejo de Administración de OHL. Al igual que Higa, desde que Peña era gobernador del Estado de México, dicha empresa recibió apoyo del presupuesto público y concesiones para construir autopistas y segundos pisos. Hoy, la mayoría de las carreteras de paga en esa entidad están en manos de los dueños de OHL, y transitarlas cuesta más que en ninguna otra parte del país y, posiblemente, del mundo. El manejo del influyentismo es la especialidad de estos falsos empresarios. Existen grabaciones que prueban cómo sobornan a funcionarios para obtener contratos y lucrar con las finanzas públicas. Luego de la llegada de Peña a la presidencia, OHL se volvió un pulpo: tiene obras de todo tipo y en todo el país, desde trenes, autopistas y segundos pisos, hasta la construcción de termoeléctricas para la Comisión Federal de Electricidad. Su *modus operandi* consiste en recibir subsidio del erario y, al mismo tiempo, concesiones para cobrar por el uso o servicio de las obras. Un ejemplo de ello es el segundo piso de la carretera México-Puebla, en un tramo de 14 kilómetros que va desde la planta Volkswagen al estadio de futbol Cuauhtémoc. En esta obra el gobierno aportó 5,000 millones y OHL supuestamente otros 5,000 millones de pesos, con un costo por kilómetro de 650 millones de pesos, lo que significó cargar casi todo al presupuesto público porque el costo real es de menos de la mitad, con lo cual la firma española no erogó casi nada, pero obtuvo una concesión para cobrar el peaje durante 25 años.

En esta misma lógica de negocios sucios o de "opacidad", como se dice ahora, debe verse la construcción del nuevo aeropuerto del Valle de México; una obra faraónica, costosísima y con graves deficiencias técnicas. Es cierto que se necesitan dos pistas más para resolver el problema de la saturación del actual aeropuerto Benito Juárez de la Ciudad de México, pero como hemos propuesto, estas se podrían construir en el aeropuerto militar de Santa Lucía. La nueva terminal impulsada por el gobierno de Peña obligaría, por interferencia aérea, a cerrar la actual y la de Santa Lucía. Estamos hablando de tirar a la basura miles de millones de pesos. Recuérdese que apenas en 2007 se inauguró la Terminal Dos del aeropuerto capitalino y que en ese mismo lugar se amplió el hangar presidencial. Si al costo de estas obras sumáramos las pérdidas que representaría el cierre del aeródromo de Santa Lucía, que ocupa 3,000 hectáreas, estaríamos hablando de un despilfarro mayúsculo que redundaría en beneficio de la especulación inmobiliaria, pero que no traería aparejada utilidad pública alguna y sí una grave afectación social y ambiental en la zona, así como severos problemas de operación del aeropuerto mismo. Nuestra propuesta alterna significa no gastar 180,000 millones de pesos en la construcción del nuevo aeropuerto, pues con una inversión de 65,000 millones aplicados a las dos pistas adicionales de Santa Lucía, el país ahorraría más de 100,000 millones de pesos. En otras palabras, con el presupuesto que hemos elaborado se podría construir el aeropuerto de Santa Lucía para vuelos internacionales y de carga, y dejar el actual para vuelos nacionales, añadiendo una vía de comunicación confinada y rápida de 38 kilómetros para unir las dos terminales aéreas.

Construir el nuevo aeropuerto en el lago de Texcoco conlleva el riesgo de que la terminal y las pistas sufran hundimientos, porque toda la región es una gran capa de fango y el suelo firme se encuentra a 50 metros más abajo de la superficie. Es posible, como sostienen los técnicos holandeses y la empresa de Slim, que para subsanar este peligro el nuevo aeropuerto descanse sobre una especie de plataforma flotante que supla la necesidad de rellenar el terreno. Pero aceptando sin conceder que esta fuese la solución al problema de la falta de suelo firme, la aplicación de este invento sería costosísima. No hay razón, pues, fuera del afán de realizar nuevos contratos turbios, para empecinarse en esta obra de relumbrón. Vivimos en un país con grandes y graves problemas que también requieren ser atendidos y demandan inversión pública. Pero el predominio de los negocios con las constructoras poco a poco va saliendo a flote.

IV. LE RETUERCEN EL PESCUEZO A LA GALLINA DE LOS HUEVOS DE ORO

HEMOS HECHO REFERENCIA A DIVERSOS NEGOCIOS ES-
candalosos, pero la corrupción mayor se relaciona con
el sector energético. Esa fue la motivación principal de
la privatización del petróleo y de la industria eléctrica.
También en este ámbito puede afirmarse que siempre ha
existido deshonestidad, pero ahora llanamente le están
retorciendo el pescuezo a la gallina de los huevos de oro.

Don Jesús Silva Herzog comentaba con molestia que
cuando se negoció la indemnización con la compañía
petrolera El Águila, subsidiaria de la Royal Dutch Shell,
los ingleses cobraron más de lo debido porque los funcionarios mexicanos "fueron demasiado generosos".
En agosto de 1947 se convino en pagarle a El Águila por
los bienes expropiados, incluyendo intereses desde el
18 de marzo de 1938, la cantidad de 81'250,000 dólares.

El arreglo estuvo impregnado de sospechas; la negociación entre Vincent Charles Illing, representante británico, y Antonio J. Bermúdez, director de Pemex, se llevó a cabo en la casa particular de este funcionario durante diez días consecutivos.

El acuerdo era mantener todo en estricto secreto, pero alguien "dentro del mundo petrolero", o del gobierno mexicano, no resistió la tentación de aprovechar la oportunidad para obtener ganancias y filtró a la prensa británica información sobre el tema, lo cual produjo que las acciones de El Águila se fueran al alza en el mercado financiero de Londres. En ese entonces se hizo público que altos funcionarios del régimen, enterados de la inminencia del arreglo, habían comprado antes, a precios irrisorios, acciones que luego subieron de valor, haciendo un jugoso negocio.

Esta práctica de utilizar información privilegiada no era nueva entonces y sigue vigente hoy. Es cuestión de recordar algunos casos: en mayo de 1881, cuando el porfiriato se estrenaba, se llevó a cabo uno de los "negocios" que podría ser considerado precursor de las prácticas del influyentismo y de la corrupción política en el México moderno. El secretario de Hacienda, Francisco de Landero y Coss, vendió a Ramón Guzmán, Sebastián Camacho y Félix Cuevas, 36,000 acciones del Ferrocarril Mexicano, que por entonces era propiedad del gobierno: la línea de trenes de México a Veracruz, inaugurada por el presidente Sebastián Lerdo de Tejada, que era hasta entonces la única vía férrea en el país. El Congreso aprobó la operación después de que fue realizada, violando la ley que ordenaba que las transacciones de esa naturaleza debían someterse a subasta pública. No obstante, la mayor "irregularidad" consistió en que la compraventa se hizo a partir de un fraude en contra del erario, pues el gobierno aceptó que le pagaran por cada una de las acciones de la empresa 12 libras esterlinas, cuando ese mismo día en la Bolsa de Londres estas se cotizaban en 16 libras y la tendencia iba al alza. Por cierto, entre los compradores figuraba Ramón Guzmán, quien seis meses después firmaría como testigo de Carmelita Romero Rubio en su boda con Porfirio.

Francisco Bulnes asegura que en 1908, cuando el gobierno compró acciones a empresas extranjeras para crear los Ferrocarriles Nacionales de México, Julio Limantour, hermano del secretario de Hacienda, contó con información privilegiada, y con un crédito del Banco Nacional adquirió anticipadamente en el mercado de Nueva York, acciones que circulaban a bajo precio para después venderlas "a precio elevado al gobierno mexicano, representado por el hermano del fervoroso especulador." En fin, los negocios de ese tipo siguieron realizándose a lo largo del porfiriato; no desaparecieron en la época de los gobiernos posrevolucionarios y han sido el principal distintivo de los procesos de privatización de bancos y empresas públicas en los actuales tiempos del neoporfirismo.

Regresando al tema de la corrupción en Pemex, se puede afirmar que desde la Expropiación de 1938 hasta los años setenta del siglo pasado, el contratismo en la industria petrolera estaba relativamente acotado; había empresas en el sector energético vinculadas a políticos, en particular en el área de exploración, así como en obras y servicios, pero en producción (equipos de perforación), refinación, petroquímica y transporte, casi todo se hacía por administración directa. Esto no quiere decir que no hubiera corrupción en Pemex ni en el sindicato. Recuérdese que en esos tiempos el símbolo de la paraestatal era un charrito que, según el decir popular, de tanto aguantar la corrupción se fue poniendo zambo.

Además, la mala administración de Pemex se agravó en el sexenio del presidente José López Portillo, cuando su amigo, el ingeniero Jorge Díaz Serrano, director de esta empresa pública, se apoyó en el contratismo para extraer, como nunca había sucedido, grandes cantidades de petróleo destinadas a la exportación, aprovechando que el precio internacional del barril estaba por los cielos, lo cual resultó un rotundo fracaso para el país. El escándalo llegó a tanto que cuando el precio del crudo se desplomó, el hasta entonces superpoderoso funcionario terminó en la cárcel como chivo expiatorio, acusado de corrupción.

Con todo y eso, el robo en el sector energético de Salinas en adelante no tiene parangón. En este periodo, Pemex y la Comisión Federal de Electricidad han sido saqueados como ninguna otra empresa en el mundo.

El contratismo en el sector energético ha significado pérdidas millonarias para el erario. Podríamos hablar del pillaje en su conjunto, porque en todo hay corrupción (en las compras de refacciones, equipos, servicios, renta de plataformas para perforar en aguas someras y profundas, en la construcción de plantas de generación de energía eléctrica, etcétera), pero es menos tedioso y resulta más ilustrativo relatar con brevedad únicamente los lucrativos negocios privados que se realizan en torno a las gasolinas, el gas y la electricidad.

El caso de las gasolinas es patético. Desde 1979 no se construye una nueva refinería en el país. La última fue la de Salina Cruz, Oaxaca; las otras cinco están instaladas en Minatitlán, Veracruz; Ciudad Madero, Tamaulipas; Salamanca, Guanajuato; Tula, Hidalgo y Cadereyta, Nuevo León. La decisión de vender petróleo crudo al extranjero en vez de procesarlo en el país es el distintivo del periodo neoliberal. Todavía durante el gobierno de López Portillo, aun destinando gran cantidad de petróleo a la exportación, las refinerías del país permitían abastecer el mercado interno y casi no se importaban gasolinas. Pero desde la llegada a la presidencia de Miguel de la Madrid en 1982 se acentuó la tendencia a importar combustibles y ello, aunado al crecimiento de la demanda interna, obliga al país a comprar 635,000 barriles diarios de gasolinas, 60 por ciento del consumo nacional.

En México se padece la paradoja de que somos uno de los principales productores de petróleo, pero estamos entre los países que más importamos gasolinas y otros petrolíferos en el mundo. Agréguese que la gasolina en México cuesta 30 por ciento más que en Estados Unidos, y muchas veces vale más que en Guatemala, donde no hay petróleo. La aberrante política petrolera en los tiempos del neoliberalismo se puede resumir con este dato: de enero a agosto de 2016 la exportación de crudo ascendió a 9,297 millones de dólares, mientras que las importaciones de petrolíferos, gas natural y petroquímicos sumaron 11,891 millones de dólares; es decir, se registró un déficit de 2,594 millones de dólares.

Esta irracionalidad de vender petróleo crudo como materia prima y comprar gasolinas, viene a ser algo así como exportar naranjas e importar jugo de naranja, y se ha querido justificar de distintas maneras, incluso con el falso argumento de que es más barato comprar la gasolina afuera que producirla en México. Esta afirmación no tiene sustento y es, a todas luces, un absurdo. No está de más señalar que producir un litro de gasolina requiere dos litros de crudo, y mientras que por este se obtienen a precio actual 8.96 pesos,[5] el combustible se vende en 13.98 pesos, o sea, el valor agregado de refinación es de 35 por ciento y trae consigo otros beneficios como generar empleos en el país y no depender de ningún abastecedor externo.

Los voceros de los que se hacen llamar hombres de negocios repiten como loros que elaborar gasolinas no es negocio; manifiestan que, en todo caso, en vez de hacer nuevas refinerías se podrían comprar en Estados Unidos instalaciones que permanecen cerradas o subutilizadas. Es importante saber que mientras que en México solo hay seis refinerías, allá existen 141.[6] Nuestros vecinos procesan 19 millones de barriles diarios de petróleo crudo, con una productividad de 97 por ciento.[7] Las plantas de México pueden manejar 1'200,000 barriles diarios y actualmente operan al 40 por ciento de su capacidad. Lo anterior se debe —entre otras cosas— a que las refinerías no están hechas para procesar crudo pesado; prevalece la decisión de exportar el petróleo ligero y superligero pero, sobre todo, son gigantescas la ineficiencia y la corrupción gubernamental.

En 2008, obligado por la presión de nuestro movimiento, Felipe Calderón anunció la decisión de construir una nueva refinería en Tula, Hidalgo. Esta obra se proclamó con bombo y platillo, y como se habló mucho de que se iban a crear empleos, puso a competir a los gobiernos de los estados para ver cuál aportaba el mejor terreno y en dónde se reunían las condiciones óptimas para instalarla. Los gobernadores entraron en el juego de la publicidad: compraron terrenos y, desde luego, hicieron negocio con esas operaciones pero, al final, se decidió que la nueva refinería se haría en Tula, Hidalgo. Sin embargo, como lo dijimos en su momento, terminó el sexenio de Calderón y ni siquiera concluyeron la barda perimetral, y al entrar Peña al gobierno se decidió cancelar por completo el proyecto de construcción de la tan cacareada refinería.

Con los mismos propósitos, de manera deliberada se ha permitido, o incluso auspiciado, el deterioro de las refinerías existentes, algo parecido a lo que hizo el gobierno con las plantas petroquímicas, las cuales fueron prácticamente abandonadas para convertirlas en chatarra, y no porque hubiera faltado dinero para el mantenimiento: el presupuesto destinado a las refinerías ha sido cuantioso, pero casi todo se ha ido por el caño de la corrupción. En este aspecto el contratismo ha sido atroz. Por ejemplo, para la reconfiguración de la refinería de Cadereyta se contrató en 1997 a la sudcoreana Sunkyong Limited (SK), la alemana Siemens y la mexicana ICA. La obra debió terminarse en julio de 2000, pero tardó más del doble del plazo pactado. Se entregaron los trabajos inconclusos, con irregularidades, y los precios unitarios se pagaron muy por encima de lo convenido. En noviembre de 2001 la auditoría cuantificó pérdidas que ascendían, por entonces, a más de 1,000 millones de dólares. Pemex, que había renunciado a la jurisdicción nacional, fue demandado por el consorcio en tribunales internacionales. Ante la falta de una defensa adecuada, fue obligado a pagar 630 millones de dólares adicionales. Hasta el día de hoy, a ningún funcionario se le ha fincado responsabilidad alguna ni se le ha sancionado por lo que fue un daño patrimonial de 1,630 millones de dólares.

Para la reconfiguración de la refinería de Minatitlán, el contrato fue otorgado, en 2003, a la empresa española Dragados. Sin embargo, para 2012, cuatro de los cinco paquetes de ingeniería y construcción permanecían inconclusos por diversas causas, y Pemex Refinación solicitó a la Secretaría de Hacienda y Crédito Público recursos adicionales para su conclusión y el cierre administrativo del proyecto; es decir, una obra que debía realizarse en cuatro años se llevó diez, con un sobrecosto estimado de más de 2,000 millones de dólares. Tampoco se fincaron responsabilidades.

La reconfiguración y modernización de la refinería Francisco I. Madero, en Tamaulipas, se licitó en 1999 y se terminó a finales de 2002. Con un costo de casi 2,600 millones de dólares, esta obra se adjudicó a Pempro, consorcio formado por la mexicana Tribasa (Trituradores Basálticos), además de SK y Siemens, a pesar de que ya se tenía la mala experiencia en la reconfiguración de Cadereyta. En la reconfiguración de las refinerías de Madero y Cadereyta, Pempro se adjudicó el contrato en forma irregular e ingresó a casi 4,000 obreros y técnicos de Corea del Sur, Filipinas y Tailandia —la mayoría sin la aprobación del Instituto Nacional de Migración (INM)—, que desplazaron a la mano de obra local. En suma, la reconfiguración de tres refinerías en el periodo neoliberal consumió un presupuesto de más de 7,000 millones de dólares y en la actualidad esas plantas están operando, como ya lo expresamos, al 40 por ciento de su capacidad. Todo un fraude.

El 8 de marzo de 2016, el actual director de Pemex, José Antonio González Anaya, manifestó que "aprovechará las herramientas de la Reforma Energética" para dar entrada a la iniciativa privada en la reconfiguración de las tres refinerías restantes, propiedad de la nación en manos de Pemex: la refinería Ingeniero Antonio Dovalí Jaime, en Salina Cruz, la Antonio M. Amor, en Salamanca, y la Miguel Hidalgo, en Tula. Esto que llaman "alianzas estratégicas" es en realidad un mecanismo de privatización como el utilizado en la entrega del complejo petroquímico Pajaritos al banquero salinista Antonio del Valle, quien aportó 200 millones de dólares, se quedó como socio mayoritario y, en aras de la ganancia fácil, despidió a 1,500 trabajadores de los 2,200 que laboraban en las plantas, por lo cual se descuidó el mantenimiento y la seguridad, lo que produjo una explosión que causó la muerte de 32 personas.

Contra lo sostenido por los corruptos de México, la refinación sigue siendo negocio. En 2006 existían 680 refinerías en el mundo y en la última década se construyeron 14 más. Por cierto, en 2008 en India entró en operación la refinería más grande del planeta, con capacidad para procesar 1'240,000 barriles diarios. Se trata de un complejo propiedad de la empresa Realince Industries Limited, ubicado en un área de 168 hectáreas, con una ciudad construida ex profeso con todos los servicios para albergar a 2,500 empleados y a sus familias, en la costa noroccidental del estado de Guyarat. Los dueños, dedicados originalmente a la industria textil, invirtieron en esta refinería 6,000 millones de dólares; la obra se inició en diciembre de 2005 y tres años después entró en operación con buenos niveles de producción y calidad, lo cual demuestra que sin corrupción es posible operar refinerías.

En otras palabras, no tienen razón quienes sostienen que no es rentable elaborar gasolinas. Téngase en cuenta que contamos con petróleo crudo, un mercado interno creciente y capacidad técnica para llevar a cabo el proceso de refinación. Es cierto que son pocos los márgenes de utilidad (nunca comparados con la extracción del petróleo porque, entre otras cosas, no se le paga renta a la naturaleza), pero darle valor agregado a la materia prima significa generar empleos, ahorrar en el costo del transporte y ser autosuficientes; por añadidura, la refinación de hidrocarburos es una actividad no solo rentable sino estratégica. En este asunto siempre es bueno recordar lo que decía Rockefeller: "El mejor negocio del mundo es el petróleo y el segundo mejor negocio del mundo es el petróleo mal administrado".

En realidad, la decisión de no construir refinerías en México tiene como fondo mantener el negocio de la compra de la gasolina en el extranjero, que desde la época de Carlos Salinas se realizaba en las oficinas de Pemex Internacional. Siempre fue un misterio la forma en que llevaron a cabo estas operaciones comerciales de 25,000 millones de dólares anuales, aproximadamente. El Instituto Nacional de la Transparencia, Acceso a la Información y Protección de Datos Personales

(INAI), un organismo con funcionarios bien pagados y con un presupuesto de 1,000 millones de pesos al año, fue supuestamente constituido para combatir la corrupción, pero en realidad se ha dedicado a encubrirla. Como botón de muestra, el INAI nunca ha informado absolutamente nada sobre la administración de Pemex Internacional y nadie fuera del círculo del poder sabe a qué precio se compraba la gasolina en Estados Unidos, a cuánto ascendían la merma, el flete y los márgenes de utilidad, ni quiénes fungían como proveedores y transportistas.

Estoy hablando del pasado, porque a partir de la aprobación de la llamada Reforma Energética, la compra de las gasolinas y el diésel tiene ya otro procedimiento, igual o más corrupto que el anterior. La historia de este nuevo "negocio" comenzó apenas en abril de 2016, cuando el gobierno de Peña empezó a otorgar permisos a un reducido grupo de empresas, principalmente extranjeras, para importar y comercializar la gasolina en México; es decir, se entregó a privados un negocio que antes era administrado por Pemex. En 2015 la petrolera mexicana obtuvo por la venta de estos combustibles 44 por ciento de sus ingresos totales por ventas y servicios, incluyendo las exportaciones de crudo. De esas dimensiones fue la tajada que se repartieron funcionarios y traficantes de influencias.

Hasta el 17 de junio de 2016 se habían otorgado 69 permisos para importar gasolina por el equivalente a

1'335,000 barriles diarios, así como 99 permisos para la importación de diésel, equivalentes a 1'015,000 barriles diarios. Esta cantidad supera con mucho la demanda interna; en 2015 Pemex comercializó 793,000 barriles diarios de gasolina y 385,000 barriles diarios de diésel, lo que le representó ingresos por 355,363 millones de pesos y 162,208 millones de pesos, respectivamente. Esto significa, por un lado, que las importaciones podrán desplazar la producción nacional de estos combustibles y, por el otro, que este grupo selecto de comerciantes privados y socios se quedó con un negocio de 518,000 millones de pesos —3.7 por ciento del PIB—, y con una utilidad neta cercana a los 70,000 millones de pesos.

Guardadas todas las proporciones, delincuencia y culpabilidad aparte, en el escrito donde el gobierno de Estados Unidos solicita la extradición de Joaquín Guzmán Loera, *el Chapo*, se le acusa de haber introducido a ese país en un mes 50 toneladas de cocaína, con un "valor en calle" de 700 millones de dólares. Si esto se proyecta en el año, se trata de un negocio de 8,400 millones de dólares o 162,000 millones de pesos, casi tres veces menos que el *business* de la importación y comercialización de las gasolinas en México.

Las grandes beneficiarias de los permisos son tres empresas que concentran más de 60 por ciento del volumen de importaciones autorizadas: las transnacionales Gulf Oil y Trafigura-Puma Energy, y la mexicana Grupo Comborsa. Todas ellas tienen antecedentes oscuros por tráfico de influencias, desastres ecológicos y pagos de sobornos a gobiernos para asegurar contratos y control sobre los recursos naturales de los países. Por ejemplo, el director de infraestructura de Gulf Oil México, Luis Felipe Luna Melo, quien ocupó diversos cargos en Pemex Comercio Internacional desde Salinas, en 1992, y de 2011 a 2013 llegó a ser director general de la petrolera, desató un sonado escándalo por la fallida inversión de Pemex en Repsol. A su vez, los dueños de Gulf Oil han sido socios del grupo OHL en varios proyectos de infraestructura en el Reino Unido e India.

El gobierno mexicano ha dejado la norma de calidad en las gasolinas completamente laxa, de tal suerte que con la apertura del negocio a la libre importación, por privilegiar precios y utilidades está sacrificando la calidad en el producto, sobre todo en cuanto al contenido de azufre, es decir, se pone en riesgo la salud de los mexicanos.

En conclusión, la venta de las gasolinas y el diésel es un negocio muy rentable. La reforma energética entregó los activos de la nación pero, sobre todo, pretende quitar a México su soberanía energética. En el tema de los combustibles, de mantenerse esta política bastará con las importaciones para satisfacer la demanda interna, y no habrá ningún incentivo para construir en el país nuevas plantas ni para mantener la producción de las refinerías nacionales. Este es uno de los asuntos que deberán resolverse en la elección de 2018, que en buena medida será un referéndum o consulta ciudadana para decidir si continúa o se modifica la política vigente.

Algo parecido sucede con el gas. Hasta hace poco fuimos autosuficientes, pero desde 1993 a la fecha, con el cambio de política petrolera, se dejó de invertir en exploración y extracción de gas en México y se optó por importarlo. Esta decisión se llevó a cabo al mismo tiempo que se permitió la instalación de plantas privadas para generar energía eléctrica con gas natural, lo cual incrementó como nunca antes la demanda e importación de este energético. El negocio de la compra de gas natural enloqueció a políticos corruptos y traficantes de influencias. Son célebres los contratos en esta materia. Esto explica, en mucho, que México sea el país petrolero que más gas quema a la atmósfera, al mismo tiempo que la Comisión Federal de Electricidad compra a Shell, en Altamira, Tamaulipas, y a Sempra, en Baja California, 750 millones de pies cúbicos diarios de gas, la misma cantidad que se quemaba en los mecheros de la Sonda de Campeche durante los gobiernos de Fox y Calderón.

Este problema de la quema de gas en grandes cantidades y a cielo abierto fue originado por el gobierno de Zedillo, cuando el entonces director de Pemex, Adrián Lajous, tomó la controvertida decisión de construir en Atasta, Campeche, una planta de nitrógeno para inyectarlo a los yacimientos, restituirles energía y poder extraer más petróleo crudo. El resultado fue que la producción aumentó solo durante cuatro años, y el nitrógeno terminó por contaminar el aceite y el gas. Por esa causa se tuvieron que cerrar más de 80 pozos, se dejaron de producir alrededor de 400,000 barriles diarios de petróleo y se quemaron 750 millones de pies cúbicos diarios de gas en la atmósfera. Aunque este problema pudo resolverse con relativa facilidad, mediante plantas de separación que no implicaban grandes inversiones ni tecnología muy sofisticada, a los presidentes, a los altos funcionarios del sector energético y a los directivos de Pemex no les interesó atender este asunto porque lo único que les importaba, y les importa, son los negocios donde puedan sacar el mayor provecho personal posible.

Mario Gabriel Budebo, subsecretario de Hidrocarburos de la Secretaría de Energía (Sener), reconoció que "tomando el precio del gas natural de 2009 de 3.61 dólares por miles de pies cúbicos, el valor económico del gas hidrocarburo quemado en ese año se estimó en 921 millones de dólares. Este volumen representa aproximadamente 18.5 millones de toneladas de CO_2, que afecta negativamente el calentamiento global.[8] De igual forma, en un reporte entregado por Pemex a la Bolsa de Valores, se lee: "Durante el tercer trimestre de 2015, el envío de gas a la atmósfera aumentó 509 millones de pies cúbicos diarios, principalmente debido al incidente ocurrido en la plataforma Abkatún A-Permanente, así como a retrasos en obras destinadas al aprovechamiento de gas en las regiones marinas". Esto representa, al precio promedio de ese año de 2.7 dólares por miles de pies cúbicos, 1.37 millones de dólares diarios, más de 500 millones de dólares anuales, cerca de 10 mil millones de pesos. A esta pérdida por la quema de gas hay que agregar el tremendo daño ecológico.

Los neoliberales neoporfiristas no resolvieron el problema de la quema de gas en Cantarell; y en cambio, siguieron comprando más gas a compañías extranjeras. Calderón incluso celebró un contrato con la empresa española Repsol para el suministro de 500 millones de pies cúbicos de gas importado de Perú. Aquí subrayo que, así como Peña tiene predilección por la empresa extranjera OHL de España, en los tiempos de Calderón la favorita era Repsol, también de la península ibérica. Recuérdese que el primer contrato de servicios múltiples que se otorgó a una empresa extranjera —violando la Constitución—, se suscribió cuando Felipe Calderón era secretario de Energía y presidente del Consejo de Administración de Pemex. El 14 de noviembre de 2003, sin que hubiera participado en la licitación ninguna otra empresa, se entregó a Repsol de España un contrato por 2,437 millones de dólares para explotar yacimientos de gas en la Cuenca de Burgos, Tamaulipas.

Este contrato de servicios múltiples celebrado con Repsol, en su anexo "Catálogo de Precios Máximos", muestra cómo se integraron los costos de los servicios contratados y sus elevadísimos sobreprecios: para la adquisición de infraestructura se pagó 120 por ciento adicional del costo directo; y en el caso de los servicios de mantenimiento, hasta 320 por ciento sobre el costo directo diario. Además, el precio unitario original se aplicó independientemente de que la empresa contratista utilizara materiales nuevos o usados; el contratista tenía la "responsabilidad absoluta" de inspeccionar, probar y certificar todos los materiales y, por si fuese poco, se incluyeron cargos adicionales no previstos como tasas y tarifas de importación, impuestos laborales, impuestos por adquisición de inmuebles y permisos, licencias y registros públicos.

Estas operaciones resultaron benéficas para las empresas extranjeras, pero improductivas y perjudiciales para el interés nacional. Por estos contratos leoninos que han sido otorgados a Repsol, Tecpetrol, Petrobras, Teikoku, Schlumberger y Halliburton, entre otros, Pemex convino pagar más de 5,000 millones de dólares, con el pretexto de que la producción de gas iba a aumentar en 50 por ciento en la Cuenca de Burgos, lo que hubiera significado 500 millones de pies cúbicos diarios. Sin embargo, en cinco años las empresas aumentaron la producción solo en 63 millones de pies cúbicos, pasando de 126 millones, que era la producción que Pemex obtenía al entregar los campos, a 189 millones de pies cúbicos; es decir, el incremento equivale a 4 por ciento de la producción estimada en Burgos. Es más, en el mismo periodo, Pemex aumentó la producción en los campos operados por ella misma, de 1,000 millones a 1,347 millones de pies cúbicos, o sea, 35 por ciento. En pocas palabras, los contratos de servicios múltiples elevaron muy marginalmente la producción y lo hicieron a un costo muy elevado; un rotundo fracaso para el interés público.

Agrego que la Auditoría Superior de la Federación denunció un daño patrimonial a Pemex cuando Calderón era secretario de Energía y presidente del Consejo de Administración de Pemex, por haber vendido a bajo precio, en 2003, bonos de las acciones que la paraestatal posee en Repsol de España. En ese entonces se manejaron dos argumentos como supuesta justificación: que el precio de las acciones bajaría y que había necesidad de recursos para financiar a Pemex. Recordemos que en octubre de ese mismo año se había dado a Repsol el contrato para producir gas en la Cuenca de Burgos por 2,437 millones de dólares y, como es obvio, esta operación elevó el precio de sus acciones. En cuanto a la necesidad de financiamiento, Pemex nunca proporcionó a la Auditoría Superior de la Federación ningún estudio que probara que la venta de las acciones era la mejor opción. No obstante, para vender estas acciones Pemex emitió un bono con vencimiento en 2011, convertible a acciones, y lo colocó en el paraíso fiscal de Luxemburgo. Meses después de venderse, las acciones aumentaron su valor por lo que se registró una pérdida patrimonial para Pemex por 655 millones de dólares.

En 2005 la Comisión Federal de Electricidad estaba trabajando internamente en la elaboración de un proyecto para el suministro de gas natural y de otro proyecto ejecutivo para la construcción de una planta de regasificación en Manzanillo, Colima. De forma nada transparente, Repsol se enteró de estos proyectos y con esta información privilegiada obtuvo, el 12 de diciembre de 2005, la concesión para extraer gas de la región de Camisea, en Perú, asegurando que lo vendería en México y en la costa oeste de Estados Unidos. Cabe aclarar que en ese entonces, legalmente Repsol no tenía ningún contrato para suministrar gas natural en nuestro país. Reitero: ¿cómo supo Repsol, en 2005, que iba a vender gas a la CFE, un año y medio antes de que se publicara la licitación para el suministro en Manzanillo?

Oficialmente, fue hasta el 6 de junio de 2006 cuando la CFE publicó en el *Diario Oficial de la Federación* las licitaciones para el suministro de gas natural y la construcción de la planta de regasificación en Manzanillo. En esta publicación se estableció que el suministro de gas se contrataría por un periodo de 25 años. También se estipuló que la junta de aclaraciones se llevaría a cabo el 25 de septiembre de 2006. A partir de que toma posesión el gobierno usurpador, en diciembre de 2006, Repsol negoció directamente con Felipe Calderón y, al margen de los procedimientos legales establecidos, todo se operó desde las oficinas de Juan Camilo Mouriño, entonces secretario particular y coordinador de la Oficina de la Presidencia. El 18 de septiembre de 2007 la CFE asignó a Repsol el contrato de suministro de gas natural por 500 millones de pies cúbicos diarios, sin que se presentara ninguna otra oferta. Ese contrato fue estimado en 15,000 millones de dólares.

En tiempos de Salinas, "para variar" y como en todo lo demás, se profundizó la corrupción en la industria eléctrica. El 22 de septiembre de 1992 se aprobó en el Congreso la reforma de una ley secundaria a fin de entregar permisos a empresas extranjeras para instalar plantas de generación de energía. De esta forma, se violó el artículo 27 de la Constitución que desde 1960 señalaba: "Corresponde exclusivamente a la Nación generar, conducir, transformar, distribuir y abastecer energía eléctrica que tenga por objeto la prestación de servicio público. En esta materia no se otorgarán concesiones a los particulares y la Nación aprovechará los bienes y recursos naturales que se requieran para dichos fines".

No obstante, a partir del gobierno de Salinas empezó la expansión de las empresas extranjeras —sobre todo españolas— en esta industria; al mismo tiempo, se tomó la perversa decisión de cerrar o disminuir la producción de las plantas del sector público para dejarle poco a poco el mercado nacional a las transnacionales, con el respaldo de una campaña propagandística mentirosa según la cual el sector eléctrico necesitaba modernizarse pues de lo contrario nos íbamos a quedar sin luz. Este conjunto de maniobras abrió las puertas para que participaran en el negocio privado personajes como José Córdoba Montoya y Claudio X. González, asesores de Salinas, quienes tienen intereses o acciones en compañías privadas proveedoras de electricidad.

Precisamente por el contratismo y la corrupción, Alfredo Elías Ayub, quien se desempeñó en los sexenios de Fox y Calderón como director de la Comisión Federal de Electricidad, se enriqueció como pocos. Este personaje tenía el antecedente de haber sido subsecretario de Minas durante el gobierno de Salinas de Gortari, cuando se privatizaron empresas mineras como Cananea y se entregaron 3'827,000 hectáreas de las reservas mineras de la nación, básicamente a tres consorcios del país: Peñoles, de Alberto Baillères; Grupo México, de Jorge y Germán Larrea, y Grupo Carso, de Carlos Slim.

Bajo la conducción de Elías Ayub, la Comisión Federal de Electricidad se convirtió en una empresa de "clase mundial" porque se especializó en vender cara la energía a los consumidores mexicanos y en subsidiar y pagarles muy bien el suministro eléctrico a las compañías extranjeras. Hoy, por estas operaciones la CFE compra a tales empresas casi 50 por ciento de la energía que se consume en el país a precios elevadísimos: en 2016 se destinaron cerca de 60,000 millones del presupuesto público para los pagos correspondientes. Al mismo tiempo, las plantas del sector público fueron convertidas en chatarra o están subutilizadas. Pero esto no preocupa en lo más mínimo a los funcionarios adoradores del dinero y defensores del dogma neoliberal. Hace dos años se dio a conocer que un grupo de políticos mexicanos mantenía grandes cantidades de dinero en Suiza, y entre ellos figuraban Carlos Hank González hijo y Alfredo Elías Ayub.

Este rosario de estafas, que aquí se presenta muy resumido, deja en claro que detrás de la reciente privatización del petróleo y de la industria eléctrica está la enfermiza ambición del mismo grupo que ha venido haciendo jugosos negocios al amparo del poder público y a costillas del patrimonio nacional. Más allá de consideraciones técnicas, financieras o administrativas, la decisión que llevó a la entrega del sector energético tuvo que ver con el contratismo y la corrupción.

Como emblema, el primer bloque del territorio para la exploración petrolera en aguas someras por medio de producción compartida, se asignó a la empresa filial Sierra Oil and Gas del Fondo de Inversiones Black Rock, que apenas un año antes, como lo establecía la norma, había sido comprada a Jerónimo Marcos Gerard Rivero, cuñado de Carlos Salinas de Gortari. En las siguientes rondas, como le llaman a pegarle a la piñata petrolera, se beneficiaron empresas en las cuales aparecen, revueltos, tanto dueños del grupo salinista como exfuncionarios del gobierno federal que actúan como directivos o consejeros de las empresas petroleras privadas:

Alberto Baillères, Pedro Aspe, Ramiro Garza Cantú, Claudio X. González, Adrián Lajous, Gonzalo Gil White, Luis Ramírez Corzo, Juan José Suárez Coppel, Gilberto Perezalonso, Alberto Cortina y muchos otros.

Ahora bien, ¿cuál es el negocio para estos supuestos empresarios? Por un lado, aun cuando se cayeron los precios del petróleo crudo se quedarán con una ganancia mayor que la destinada a la nación. Por ejemplo, en 2012 el costo de extracción de un barril de petróleo era de alrededor de 10 dólares, con el componente de corrupción respectivo, en promedio de 5 dólares, pero se vendía en 94 dólares y la hacienda pública obtenía una ganancia fabulosa. Hoy se vende en 40 dólares; sin embargo, con los contratos de utilidad compartida los particulares se quedarán con 25 y la nación recibirá únicamente 15 dólares, es decir, la utilidad será de 65 por ciento para las empresas y de 35 por ciento para el erario. La otra modalidad será la de reducir formalmente el porcentaje de ganancia inflando los costos de producción en beneficio de las empresas, algo parecido a lo que han venido haciendo Repsol, Schlumberger, Halliburton, entre otras. En fin, negocios buenos para las compañías y malos para la nación.

Es realmente molesto narrar hechos vergonzosos ocurridos por la ambición del dinero que han comprometido el futuro del país y de las nuevas generaciones. Los gobernantes del neoliberalismo o neoporfirismo echaron abajo casi 100 años de historia de la política petrolera y eléctrica independiente y soberana. No les importó la advertencia del general Cárdenas: "Gobierno o individuo que entrega los recursos naturales a empresas extranjeras traiciona a la patria". Termino este capítulo con la transcripción de la carta de Adolfo López Mateos, fechada el 27 de septiembre de 1960, cuando nacionalizó la industria eléctrica, en las que con sabiduría y de manera profética expresó lo siguiente:

Pueblo de México. Les devuelvo la energía eléctrica, que es de exclusiva propiedad de la Nación, pero no se confíen porque en años futuros algunos malos mexicanos identificados con las peores causas del país intentarán por medios sutiles entregar de nuevo el petróleo y nuestros recursos a los inversionistas extranjeros.

"Ni un paso atrás", fue la consigna de don Lázaro Cárdenas del Río al nacionalizar nuestro petróleo. Hoy le tocó por fortuna a la energía eléctrica. Pueblo de México, los dispenso de toda obediencia a sus futuros gobernantes que pretendan entregar nuestros recursos energéticos a intereses ajenos a la Nación que conformamos. Una cosa obvia es que México requiere de varios años de evolución tecnológica y una eficiencia administrativa para lograr nuestra independencia energética; sería necio afirmar que México no requiere de la capacitación tecnológica en materia eléctrica y petrolera. Pero para ello ningún extranjero necesita convertirse en accionista de las empresas públicas para apoyarnos. Solo un traidor entrega su país a los extranjeros; los mexicanos podemos hacer todo mejor que cualquier otro país.

Cuando un gobernante extranjero me pregunta si hay posibilidad de entrar al negocio de los energéticos o a la electricidad, le respondo que apenas estamos independizándonos de las invasiones extranjeras que nos vaciaron el país.

Pero en tanto, los mexicanos sí queremos invertir en el petróleo americano o en su producción de energía eléctrica, por si quieren un socio extranjero. En México la Constitución es muy clara: los recursos energéticos y los yacimientos petroleros son a perpetuidad propiedad única y exclusiva del pueblo mexicano. El resto de las especulaciones al respecto son traición a la patria.

Industrializar el país no implica una subasta pública de nuestros recursos naturales, ni la entrega indiscriminada del patrimonio de la patria.

Repito: este será uno de los temas del debate en la campaña de 2018. Los mexicanos no solo habremos de elegir al próximo presidente sino también la política económica que deseamos para el porvenir. Y yo espero que en ese plebiscito y en otros posteriores se decida recuperar los recursos naturales, incluidos el petróleo y la electricidad, en beneficio del pueblo y de la nación.

V. DELINCUENCIA DE CUELLO BLANCO

LAS GRANDES FORTUNAS AMASADAS EN MÉXICO EN LOS tiempos del neoliberalismo se exhiben sin tapujos, con absoluta impunidad. Los beneficiados de Salinas, que antes de su gobierno no pintaban, ahora aparecen en la lista de los hombres más ricos del mundo. El mismo Salinas debe tener mucho dinero, pero también en eso, aunque a los neoporfiristas no les gusta que se les compare, se parece al viejo dictador, que supo ocultar en el mercado accionario sus bienes y mantenerlos en el anonimato. El "científico" Francisco Bulnes, en referencia a la fortuna de Porfirio, hablaba de "secreto copto". De igual forma, sigue siendo un enigma la manera en que Salinas decidió conceder Telmex a Carlos Slim y no a Roberto Hernández, que luego fue compensado con la entrega del Banco Nacional de México.

En cambio, se conoce y es oficial que su hermano Raúl Salinas obtuvo dinero de particulares que fueron beneficiados con las privatizaciones de bancos y empresas públicas. El mismo Raúl amenazó con declarar que el dinero de las cuentas que le fueron descubiertas en Suiza eran de su hermano Carlos. En octubre de 2000, cuando Salinas pretendió regresar a México con la publicación de un libro en el cual buscaba justificar su labor como gobernante, Televisa difundió el audio de unas llamadas telefónicas entre sus hermanos Adriana y Raúl, en las que este último, desesperado, amenazaba con hablar e involucrar a Carlos en los actos de corrupción que le achacaban y por los que estaba preso. Inclusive, en un reporte de octubre de 1998 de la oficina de Fiscalización General de Estados Unidos (GAO, por sus siglas en inglés), titulado "Raúl Salinas, Citibank y el presunto lavado de dinero", se asegura que de 1992 a 1994 el hermano del expresidente transfirió 100 millones de dólares "a través de Citibank México y Citibank Nueva York, a cuentas de inversión de banca privada de Citibank Londres y Citibank Suiza". Estas operaciones se llevaron a cabo con la utilización de prestanombres y el dinero salió de cinco bancos mexicanos: Bancomer, Somex, Banca Cremi, Banorte y Banco Mexicano. Las cuentas de esos bancos estaban también bajo nombres falsos y, posteriormente, el mismo Raúl Salinas sostuvo en su defensa que se trataba de dinero "prestado" por banqueros y empresarios amigos de la familia.

Otro personaje que también se hizo muy rico fue Pedro Aspe, quien se desempeñó como secretario de Hacienda de Salinas y era el encargado de atender, junto con Raúl, a quienes hacían fila, "cola", para participar en el reparto de bienes públicos. Aspe ha sido, entre otras cosas, presidente del Consejo de Administración de Televisa y es el principal accionista de la línea aérea Volaris. Posee las empresas Protego, Intellego y Diavaz Offshore, entre otras. También es maestro del ITAM, la universidad —de Alberto Baillères— que más tecnócratas ha colocado en los altos niveles de gobierno durante el periodo neoliberal. Aspe ha tenido como alumnos a cuando menos tres de los últimos secretarios de Hacienda. Para saber qué se enseña allí y cuál es la orientación académica de esa escuela, solo es cuestión de ver la desastrosa realidad de la economía nacional. Además de deshonestos, los intelectuales orgánicos del ITAM son técnicos que se creen científicos.

El expresidente Ernesto Zedillo es otro caso. A pesar de su problema personal con Carlos Salinas, quien lo acusa de traidor, Zedillo en su mandato aplicó la misma política neoliberal o de pillaje que su predecesor. A fin de cuentas él es también partidario del neoliberalismo. Se formó, al igual que Pedro Aspe, Guillermo Ortiz, Francisco Gil Díaz, Jaime Serra Puche y otros, en las escuelas de Estados Unidos en las que se gestó esa corriente de pensamiento según la cual el Estado puede incumplir con sus obligaciones sociales pero no puede dejar de transferir recursos públicos al sistema financiero. Para ellos, el Estado constituye una carga, excepto cuando sirve a los intereses particulares, como en el caso del "salvamento" de instituciones financieras en quiebra. De acuerdo con esa lógica, lo que se destina de presupuesto a los pobres es considerado populismo o paternalismo, pero lo que se entrega a los de arriba se llama fomento o rescate. También conviene recordar que durante el gobierno de Salinas, cuando Zedillo se desempeñó como secretario de Educación Pública, fue promotor de una reforma al artículo 3º constitucional para garantizar la gratuidad de la educación pública solo en el nivel básico. Desde entonces, en consecuencia, el Estado dejó de invertir en educación media superior y en las universidades públicas; estas pronto resultaron insuficientes para absorber a la mayoría de los jóvenes que requieren educación superior y ello disparó de manera exponencial la matrícula en universidades privadas, con la consecuente exclusión de millones de muchachos de familias humildes que no han podido estudiar por falta de recursos económicos para pagar las colegiaturas.

Esta concepción tecnocrática de Zedillo y su apuesta por la economía de élite, quedó de manifiesto, más que en ningún otro aspecto, en el tratamiento que aplicó a la crisis de diciembre de 1994. En ese entonces hubo fuga de capitales y devaluación, y en 1995 la economía cayó en 6.2 por ciento, un desastre sin precedentes desde 1932. En estas circunstancias, lo primero que hizo el gobierno fue rescatar a empresarios y banqueros con recursos públicos, sin considerar para nada la difícil situación económica y social de la mayoría de los mexicanos. De manera cínica, todavía los tecnócratas se echan la culpa unos a otros: los zedillistas dicen que cuando recibieron el gobierno la economía estaba prendida con alfileres, y los salinistas les contestan que sí, pero que ellos, con su torpeza, los retiraron. Lo cierto es que toda la operación de rescate se realizó bajo la consigna de salvar a los grandes y más influyentes deudores. Para ello, en 1996, al inicio del sexenio de Zedillo, el gobierno federal creó la Unidad Coordinadora para el Acuerdo Bancario Empresarial (UCABE), a cargo de Eduardo Bours, expresidente del Consejo Coordinador Empresarial y posteriormente gobernador priista de Sonora. La UCABE sirvió para reestructurar créditos a favor de las grandes empresas, con pérdidas millonarias para el erario. En ese entonces se ofrecía la justificación de que al rescatar de la quiebra a las empresas más importantes del país, estas, por arte de magia, "jalarían a las demás".

Más tarde se utilizó, con ese mismo propósito, el Fondo Bancario de Protección al Ahorro (Fobaproa), para transformar las deudas privadas de unos cuantos en deuda pública, en franca violación de la Constitución y de las leyes en la materia, pues el Congreso de la Unión es el único que tiene la facultad de autorizar todo endeudamiento público, tanto en el ámbito interno como en el externo. Pero los funcionarios del

Fobaproa compraron cartera quebrantada o chatarra y suscribieron pagarés "con el apoyo solidario del gobierno federal a favor de los bancos". Cabe también recordar que este "salvamento" se llevó a cabo a fondo perdido, es decir, no se realizó a cambio de acciones en favor del gobierno, como el que se puso en práctica en Estados Unidos en el primer periodo presidencial de Barack Obama. Muy pronto, la crisis de diciembre de 1994 se quedó pequeña ante la gigantesca deuda del Fobaproa. En su segundo informe de gobierno, Zedillo aseguró que el costo del rescate financiero sería de 180,000 millones de nuevos pesos. Sin embargo, tres años después, la cifra era de 850,000 millones. Agréguese que, de 1995 a la fecha se han destinado, solo para pagar intereses de esta deuda, más de 600,000 millones de pesos del presupuesto público. Además, como está demostrado, estas cuantiosas erogaciones no han reducido la deuda generada por el rescate bancario porque todo se ha destinado a pagar intereses. Según el Instituto para la Protección al Ahorro Bancario (IPAB), heredero del Fobaproa, al 31 de diciembre de 2009 el pasivo neto administrado por esa institución ascendía a 816,091 millones de pesos. Y de acuerdo con la información oficial del 30 de septiembre de 2016, la deuda neta del IPAB alcanzaba los 855,118 millones de pesos, 4.46 por ciento del PIB. Los tecnócratas de Hacienda han estimado que dicho monto solo podrá ser cubierto en un plazo no menor de 70 años.

Para no olvidar lo que significó esa gran sangría de dinero público en beneficio de banqueros, desempolvemos algunos datos: en 1999 el Citibank, que por entonces solo era dueño de Banca Confía, recibió del presupuesto de egresos de la federación 6,465 millones de pesos; el Banco Santander Mexicano, 5,507 millones; Promex, 5,153 millones; Banorte, 4,347 millones, y Bilbao Vizcaya, 4,034 millones. En cambio, en ese año, por solo mencionar a las grandes instituciones de educación superior, la UNAM obtuvo 7,500 millones; el IPN, 3,583 millones; la UAM, 1,326; y la Universidad Pedagógica Nacional, 245 millones. Asimismo, mientras los banqueros tuvieron en 1999 todo un festín presupuestal, el gasto en salud para la mayoría de los mexicanos fue verdaderamente raquítico: el Hospital General recibió 772 millones; el Juárez, 245 millones; el Instituto de Cardiología, 258 millones; el de Nutrición, 320 millones; el de Pediatría, 338 millones; el Infantil, 331 millones, y el de Psiquiatría, 73 millones. Pero, además, en ese año al programa de combate a la pobreza, conocido entonces como Progresa, se le destinaron 8,000 millones de pesos, mientras que, al mismo tiempo, el rescate de Banca Serfin costaba 77,000 millones de pesos, casi diez veces más. En ese mismo periodo un solo banco recibió más presupuesto que estados como Tlaxcala, Nayarit, Zacatecas, Aguascalientes, Colima, Campeche, Yucatán, Quintana Roo, Querétaro, Baja California Sur, entre otros.

No obstante, Ernesto Zedillo, principal responsable de este gran hoyo negro en las finanzas públicas, no solo goza de impunidad, sino hasta de prestigio como buen gobernante. Claro está que el mayor reconocimiento a Zedillo proviene de las élites del poder político y, sobre todo, del económico. Más que acumular mucho dinero, Zedillo procuró ganarse la confianza de los financieros nacionales e internacionales para no quedarse sin trabajo al final de su mandato. Como presidente rescató a los banqueros de México y cuando dejó su cargo llegó a ser miembro del Consejo de Administración de Citigroup. Asimismo, tras entregar los Ferrocarriles Nacionales de México a cuatro grandes empresas (Kansas City Southern de México, Union Pacific Railroad, Transportación Marítima Mexicana y Grupo México), al terminar su sexenio se fue a trabajar como asesor del Consejo de Administración de la Union Pacific Railroad que, junto con Grupo México, de Germán Larrea, se quedaron con la infraestructura ferroviaria del país y acabaron con más de 150 años de historia de los trenes de pasajeros.

Esta ha sido la tónica en todo el periodo neoliberal o neoporfirista. Adrián Lajous, director de Pemex en el gobierno de Zedillo, es consejero de la transnacional Schlumberger. Esta empresa petrolera ha sido de las más favorecidas por los gobiernos neoliberales o neoporfiristas. Tan solo entre febrero y agosto de 2013 obtuvo contratos por 7,628 millones de pesos en Pemex Exploración Producción. Varios de ellos por adjudicación directa, es decir, sin licitación. Lajous es también asesor de E&P Hidrocarburos y Servicios, SA de CV, de origen mexicano-argentino. Otros directores de Pemex en tiempos de Zedillo, Fox y Calderón, como Carlos Ruiz Sacristán, Luis Ramírez Corzo, Jesús Reyes Heroles y Juan José Juárez Coppel son ahora accionistas o empleados de empresas petroleras privadas. Carlos Ruiz Sacristán es director general de Sempra Energy México; Ramírez Corzo, Juan José Suárez Coppel y Gonzalo Gil White (hijo de Francisco Gil Díaz, exsecretario de Hacienda), son accionistas de la compañía Oro Negro, en tanto que Jesús Reyes Heroles González Garza es miembro del Consejo de Administración de OHL y socio de Raúl Livas Elizondo (exdirector de Pemex Petroquímica), en la empresa EnergeA. Carlos Morales Gil, quien con Felipe Calderón fue director de Pemex Exploración y Producción (PEP), es ahora el gerente de la empresa petrolera PetroBal, recién creada por Alberto Baillères, el segundo hombre más rico de México, tradicionalmente textilero y minero y convertido, recientemente, en empresario petrolero.

Guillermo Ortiz fue subsecretario de Hacienda con Salinas, secretario de esa dependencia con Zedillo, director del Banco de México y presidente del consejo de administración de Banorte, el banco que él mismo privatizó y más tarde rescató con presupuesto público. Francisco Gil Díaz, secretario de Hacienda de Fox, es otro que encarna el influyentismo y la deshonestidad. Lo más destacado en su historia burocrática comienza cuando el banquero Roberto Hernández lo recomendó con Fox para ocupar el cargo de secretario de Hacienda. Gil había sido subsecretario de esa dependencia durante el gobierno de Salinas y posteriormente se había convertido en director de Avantel, una empresa de telecomunicaciones de Roberto Hernández. Como era de esperarse, el primer gran negocio del gobierno de Fox fue, precisamente, la venta de Banamex a Citigroup. El banco del cual Roberto Hernández era el principal accionista fue vendido en 12,000 millones de dólares sin pagar un centavo de impuestos. De igual forma, Bancomer se vendió en 10,000 millones de dólares al Banco Bilbao Vizcaya de España. Así, en el periodo neoliberal, sin pagar impuestos se han vendido bancos, compañías cerveceras y muchas otras empresas. Este tipo de operaciones libres de impuestos no se dan en ningún otro lugar del mundo, y lo subrayo porque los defensores del modelo neoliberal son muy dados a repetir el discurso demagógico de la legalidad, la globalización, el libre comercio y la competencia, pero siempre y cuando todo ello se aplique a otros.

Aquí es pertinente dejar de manifiesto que los gobiernos y las empresas extranjeras de los países considerados desarrollados no han cumplido, en sus relaciones comerciales y de negocios con México, con los estándares mínimos de moral internacional. Las más deshonestas en este aspecto han sido autoridades y empresas españolas, las cuales no solo hacen tráfico de influencias —*lobby*, le llaman— con políticos conservadores y de la supuesta izquierda, sino que sobornan con dinero y acciones a integrantes mexicanos de la mafia del poder. Regresando a Gil Díaz, añado que cuando fue secretario de Hacienda se construyeron 21,000 kilómetros de fibra óptica para la industria eléctrica nacional, con un costo de 30,000 millones de pesos; pero cuando dejó de ser funcionario público y se convirtió en director para México de la empresa española Telefónica, esta obtuvo una concesión para utilizar toda esa red de fibra óptica por 20 años y con apenas una contraprestación de 850 millones de pesos.

El caso de Vicente Fox es patético, indigno y vergonzoso. Se trata de un personaje vacío y sin principios, como Calderón o Peña, con el añadido de que él es más burdo y deslenguado. Fox no ha sido nunca un empresario; trabajó como empleado y llegó a ser gerente de Coca-Cola. Ha sido más bien un sirviente de los poderosos. Este papel lo desempeñó con entusiasmo desde la Presidencia de la República. En su mandato, entre otros muchos favores, permitió a los llamados grandes contribuyentes el privilegio de no pagar impuestos, aplicando con tenacidad el esquema de la consolidación fiscal, un mecanismo inventado para simular pérdidas y esconder utilidades.

Me consta que a un grupo de empresarios que ayudaron a Fox en su campaña presidencial, les fueron devueltos 12,000 millones de pesos del Impuesto al Valor Agregado

(IVA). Recuerdo que en 2001 el influyente abogado Diego Fernández de Cevallos, orgullosamente prianista y salinista, siendo senador, actuó como representante o gestor de Jugos Del Valle y logró que la Secretaría de Hacienda pagara a esa empresa, por concepto de devolución del IVA, la cantidad de 1,400 millones de pesos. Esta negociación, al más alto nivel y llevada a cabo antes de que se emitiera una resolución judicial definitiva, implicó que de manera unilateral e injusta, la Secretaría de Hacienda recortara, por ese mismo monto, el presupuesto de los gobiernos de los estados, incluido el Distrito Federal. Está tan oficializada la corrupción en la cúpula del poder que el Instituto Federal de Acceso a la Información Pública (IFAI), resolvió mantener en secreto por 12 años, hasta 2019, los nombres de las empresas que, en 2005, durante el gobierno de Fox, resultaron beneficiadas por el Servicio de Administración Tributaria (SAT) con la devolución multimillonaria de impuestos.

Por ser un caso tan ilustrativo, no dejo de señalar que Gastón Azcárraga, quien ayudó a Fox durante su campaña en 2000, fue recompensado por este con la empresa pública Mexicana de Aviación, en forma parecida a como Calderón premió "vendiendo" Aeroméxico a su apoyador, José Luis Barraza, y a otros que le ayudaron en el fraude electoral desde los organismos de cúpula del sector empresarial. Agrego que Barraza apareció el año pasado como candidato "independiente" a la gubernatura de Chihuahua. En suma, los presidentes panistas usaron para pagar favores políticos las dos líneas aéreas del sector público, las remataron y, en el caso de Mexicana, la desaparecieron.

Siempre consideré a Fox como una persona sin principios y sin un proyecto de cambio. Engañó a la mayoría de los mexicanos. No a mí, tal vez porque conocía un poco sus antecedentes y lo había visto en dos ocasiones antes de que lo eligieran presidente. La primera vez nos encontramos en Acapulco, en una reunión a la que nos convocó Zeferino Torreblanca, quien en ese entonces (1991) era presidente de la Coparmex en el sur del país. Participamos juntos en una conferencia. Cuando a Fox le tocó exponer lo sentí acartonado y falso. Se apoyaba en su presencia física, con ademanes fingidos y repetía frases aprendidas de memoria. Todo un simulador.

Luego lo vi un año después, antes de 2000, en un restaurante donde comimos, y la tercera vez que nos encontramos fue cuando era presidente electo. En ese entonces había euforia a su favor porque supuestamente representaba el cambio. Es más, yo gané la elección de jefe de Gobierno de la Ciudad de México con un margen muy pequeño, tres puntos porcentuales de ventaja, porque Fox creó una gran ola de simpatía que benefició a Santiago Creel, quien estuvo a punto de vencerme electoralmente. Me salvó la gente de México, Distrito Federal, como decía Chava Flores, que como creo y lo he dicho siempre, es extraordinaria y mucha pieza. Fox ganó la Presidencia, pero muchos de los que votaron por él, también lo hicieron por mí. Lo cierto es que había en ese tiempo la esperanza de que Fox iba a cambiar las cosas. Nunca le creí pero debo confesar que me quedé corto —lo reconozco—, porque desde un principio lo sentí vacío, desconocedor de la historia, reaccionario y muy ignorante, pero nunca pensé que fuera tan mala persona como se pudo descubrir con el tiempo.

El fenómeno Fox es producto de una circunstancia especial: la gente estaba harta del PRI, quería algo nuevo. En la izquierda nos desdibujamos, no presentamos una propuesta clara y definida. No supimos acreditar el proyecto alternativo de nación y se polarizó la lucha política electoral entre el PRI y el PAN. Nuestra opción quedó relegada. Mucha gente que en 1997 votó por nosotros, tres años más tarde sufragó por Fox porque la consigna de sacar al PRI de Los Pinos resultó muy atractiva. Al final todo fue *gatopardismo*, o sea, que las cosas cambiaron para seguir igual. La llegada del guanajuatense a Los Pinos sirvió, a fin de cuentas, para recomponer el viejo régimen y es lo que ahora estamos padeciendo. Fox es un traidor a la democracia. Su mayor agravio fue haber impuesto a Calderón mediante un fraude, como él mismo lo reconoce de manera cínica. Baste decir que el país no estaría en decadencia si se hubiese respetado nuestro triunfo en 2006.

Pero regreso a lo que fue mi tercer encuentro con Fox en su carácter de presidente electo. Nos vimos el 13 de septiembre del año 2000. Me invitó a comer en una casa en Las Lomas que le había prestado precisamente Roberto Hernández, el dueño de Banamex, y quien había sido su compañero de escuela y su ayudante en la campaña presidencial. También por ese tiempo Fox había ido a vacacionar a una casa en Punta Pájaros, que el banquero tiene en el Caribe mexicano.

En esa ocasión me planteó que empujáramos juntos la llamada reforma fiscal. Con su estilo me dijo que había que hacer más grande el pastel porque todo el presupuesto estaba comprometido, y que había que cobrar IVA en medicamentos y en alimentos y me pidió que le ayudara. Desde el principio le dije que no, que la llamada reforma fiscal significaba cobrar más impuestos a los pobres y a las clases medias y seguir manteniendo privilegios fiscales para los potentados, el derroche y la corrupción política. Le puse como ejemplo a quienes se dedican a la especulación financiera, obtienen jugosas ganancias y no pagan impuestos. Incluso, le hablé del caso de Roberto Hernández, sin saber que la casa en donde estábamos era de ese banquero.

Recuerdo que los defendió y me reviró diciendo: "Sí pagan impuestos". Quiso convencerme manifestando que iban a cobrar más impuestos a los pobres pero que después se los iban a regresar "hasta copeteados". Luego utilizó esa expresión públicamente. El caso es que no hubo ningún acuerdo. Pero es importante subrayar que, desde antes de tomar posesión de la Presidencia, Fox ya traía en la cabeza lo de las llamadas reformas estructurales, o sea, la privatización de la industria eléctrica y la petrolera, la reforma fiscal, la laboral y todo eso que los tecnócratas ya venían planteando por indicaciones de los organismos financieros internacionales y para beneficio exclusivo de una pequeña élite de políticos nacionales corruptos y traficantes de influencias.

Como no terminaría nunca de describir la corrupción y el desparpajo de Fox, resumo contando que siendo presidente amplió su rancho: compró 600 hectáreas, les mandó poner riego y construyó un complejo arquitectónico moderno, una nueva hacienda hasta con un lago artificial. Con fotografías de satélite podría advertirse el antes y el después de dicha propiedad, y con esa sola prueba, si en México no existiera impunidad, podría juzgársele por fraude a la nación.

Ahora, no conforme con su fortuna mal habida, está dedicado a asociarse con inversionistas extranjeros, no solo para la siembra de marihuana —no es broma—, sino para hacer negocios al amparo de la privatización de Pemex. Hace poco más de un año —para ser exactos en junio de 2015— un amigo me platicó que fue con sus colegas ingenieros a una entrevista con el subdirector de Pemex Exploración y Producción y que en la antesala estaba Fox con un grupo de cuatro estadounidenses, esperando también ser recibidos por el mismo funcionario. A los ingenieros de la asociación civil, denominada Métrica un observatorio ciudadano, que iban a solicitar información para darle seguimiento puntual a los contratos suscritos por el gobierno con particulares, los pasaron primero y tardaron más de una hora tratando ese asunto, hasta que mi amigo se puso de pie y le dijo al funcionario: "Ya no le quitamos más tiempo porque lo espera un grupo de extranjeros encabezado por un mexicano, que aunque esté hablando en inglés con ellos no conoce ese idioma". El funcionario les comentó: "Es un grupo que viene a ofrecernos un fondo de inversión". Pero un poco extrañado, preguntó: "¿Por qué dice usted que quien los trae no entiende el inglés?". "Porque se apellida Fox", le respondió mí amigo, "y Fox en español es zorro, y él viene de coyote". En eso terminó este inefable personaje que alguna vez fue visto como el hombre del cambio, y acabó haciendo el ridículo y causando mucha pena a quienes engañó. En realidad siempre ha sido un farsante.

En las filas de los políticos al servicio de la élite destaca Felipe Calderón Hinojosa. Es el prototipo del panista conservador. Está formado en la ideología de la derecha y su inspiración política proviene de quienes en el pasado han sostenido posiciones reaccionarias a lo largo de la historia nacional; hasta hace poco participaba en homenajes públicos que rendían los conservadores a Agustín de Iturbide, quien estableció la monarquía tras el triunfo del movimiento independentista, aunque pronto tuvo que abdicar a la corona y al trono. Desde luego, Calderón es antijuarista y anticardenista de corazón. Además, ha declarado su simpatía por Francisco Franco. Pero ante todo, forma parte del grupo del PAN que aceptó con beneplácito continuar con la misma política económica que se ha venido imponiendo desde 1983 y cuyo principal promotor ha sido Carlos Salinas de Gortari. También recordemos que Calderón, siendo presidente del PAN, pactó con Zedillo el gran fraude del Fobaproa. Hace poco, la empresa española Iberdrola, que domina el negocio de la venta de energía a la Comisión Federal de Electricidad y que recibió jugosos contratos durante el gobierno de Calderón, lo nombró miembro de su consejo de administración, cumpliéndose al pie de la letra aquello que decía Bertolt Brecht, que el peor de todos los bandidos, "es el político corrupto, mequetrefe y lacayo de las empresas nacionales y multinacionales".

Si tengo que describir a Felipe Calderón con una palabra sería: hipocresía. Pero como hay un poco de espacio es mejor explicarlo. Empiezo por confesar que soy opositor al pensamiento conservador; algún día daré mis razones y escribiré sobre este tema, pero adelanto que me molesta mucho la hipocresía de quienes se asumen como parte de esa corriente política. Creo que es inmoral sostener supuestos principios o ideales y hacer en la práctica exactamente lo contrario. Así de incongruente es Calderón. Es lo más representativo del mundo de la derecha, de quienes se dan baños de pureza y son en realidad ambiciosos vulgares; los que van a la iglesia o a los templos y olvidan los mandamientos; los que se confiesan por rutina todos los domingos para dejar el marcador en cero y volver a pecar en el transcurso de la semana.

En el habla de Tabasco se usa el *ish careca*, algo así como el "fuchi" o el "guácala", y esta es la expresión más íntima de la aristocracia panista, de la aristocracia de la moronga azul. Para ellos todo es *ish careca*, los otros son nacos, burros, inmorales, corruptos, y solo ocultan esa visión clasista o racista cuando están de por medio su aspiracionismo, su apenas disimulada ambición por el dinero y lo material. Es común, por ejemplo, oírlos hablar en contra de los Moreira, Mario Marín, Romero Deschamps, Beltrones, Elba Esther, hasta de Peña, pero se han quedado callados, como momias, cuando en aras de sus intereses corruptos les ha convenido pactar con esos indeseables, o con Salinas, Yunes Linares y otros malandrines.

Esa mentalidad conservadora es propia de un buen número de escritores y periodistas. No olvidemos que en 2006 los autonombrados demócratas o guardaron silencio cómplice o de plano apoyaron el fraude, como los que firmaron un desplegado pidiendo que se respetara a *rajatabla* el resultado electoral en vez de solicitar el recuento de votos para limpiar la elección. En este mismo sentido es muy típico del panismo hablar solo de la corrupción de los priistas. Le tunden a Peña, y con razón, por la extravagancia de la Casa Blanca, pero omiten que el avión presidencial, "que no lo tiene ni Obama", fue adquirido por Calderón; se escandalizan de los Duartes de Veracruz y Chihuahua pero le aplauden a Yunes Linares y a Cabeza de Vaca. Traigo a la memoria lo que decían los "americanos" de Somoza y de otros dictadores tropicales, son unos tales por cuales pero son nuestros tales por cuales. Inclusive, es raro escuchar que se cuestione a Fox o Calderón por deshonestidad o corrupción. Tal vez no saben que cuando Calderón fue director de Banobras, apenas llegado al cargo se autoasignó un crédito para comprar una casa, y al ser pillado realizó un traslado del préstamo al banco comercial Inverlat con el apoyo de Javier Molinar Horcasitas, por entonces empleado de esa institución financiera. La mayor parte de la gente tampoco está enterada de que Calderón fue comprando a sus vecinos y amplió su casa de la delegación Álvaro Obregón hasta convertirla en una enorme residencia.

En el debate entre candidatos presidenciales de 2006 denuncié que uno de los cuñados de Calderón, Hildebrando Zavala, obtuvo ganancias por 600 millones de pesos en el sexenio de Fox por medio de una empresa de computación que obtenía contratos en las distintas dependencias del gobierno federal. Incluso, había recibido contratos de Pemex y de la Comisión Federal de Electricidad cuando Calderón era secretario de Energía. Además, sostuve que no solo había obtenido ganancias millonarias, sino que no había pagado impuestos, todo lo cual probé con documentos de manera puntual.

Calderón solo se dedicó a negar los hechos y el cuñado optó por demandarme por el supuesto delito de daño moral. Sin embargo, el 7 de octubre de 2006 retiró en sigilo su demanda y de eso prácticamente nadie se enteró porque la mayoría de los medios de comunicación guardaron, como en otros casos, un silencio cómplice. Poco después, entre 2009 y 2010, cuando ya Calderón detentaba la Presidencia, el cuñado vendió paulatinamente el 77 por ciento de las acciones de su empresa a Carlos Slim en 167 millones de pesos. Otro cuñado de Felipe, Juan Ignacio Zavala, fue contratado en ese tiempo como asesor en comunicación de la empresa española Prisa, que edita el diario *El País*, cuyos dueños son duchos en el tráfico de influencias. En pocas palabras, aunque sostengo que en lo general el PRI y el PAN son una misma cosa a la cual llamo PRIAN, si se quiere profundizar en las diferencias, quizás el matiz se encuentre en el hecho de que los dirigentes priistas son corruptos y cínicos, en tanto que los jerarcas panistas, son corruptos e hipócritas.

Calderón es un buen ejemplo de ello; es un simulador. Desde que lo conocí, en el tiempo que fuimos presidentes de partido, él del PAN y yo del PRD, constaté que era chueco, falsario. Recuerdo que el 28 de octubre de 1998 acudimos juntos a una mesa de debate en Radio Monitor, con el periodista José Gutiérrez Vivó, en donde Calderón aseguró que el PAN no aprobaría el Fobaproa. Veamos lo que afirmó:

AMLO: Ustedes acordaron con el Gobierno resolver el asunto del Fobaproa sin castigo a los responsables y sin que estén las auditorías.

GV: A ver, le va a contestar.

FCH: Nosotros no vamos a aprobar el Fobaproa, Andrés Manuel...

AMLO: Aquí el tema es: ¿van a aprobar el dictamen con el PRI a principios de noviembre sobre el Fobaproa, sí o no? ¿Sí?

FCH: ¡No!

AMLO: ¡Ah, perfecto! Ya está.

GV: Ya le dijo que no.

AMLO: Ya está.

FCH: Ya.

AMLO: Vámonos.

No obstante, mes y medio después, en la madrugada del 12 de diciembre, con 325 votos del PAN y del PRI el Fobaproa quedó aprobado. Aquí añado que posteriormente, ya detentando la Presidencia, Felipe Calderón, entre otras canalladas, tomó la decisión de entregar de nuevo las autopistas a los concesionarios que las habían quebrado y habían sido rescatados mediante el Fobaproa con un costo para el erario de 160,000 millones de pesos; tales concesionarios habían aportado fondos a su campaña.

Recuerdo que cuando fui jefe de Gobierno, Salinas y su banda no sabían cómo frenarnos e hicieron un escándalo porque yo usaba un reloj Tiffany, marca famosa, apantalladora. Aclaro que no sé de marcas y no es un asunto que me interese. El reloj costaba 5,000 pesos y me lo regalaron César Buenrostro y su esposa en la Navidad de 2003. De repente convirtieron en una gran noticia lo del reloj e hicieron un escándalo. En *La Crónica*, un periódico vinculado a Salinas, llegaron a decir que costaba 80,000 pesos. Y como aclaré lo que realmente valía, Calderón, de manera oportunista, manifestó que estaba dispuesto a comprarme el reloj y hasta me envió un cheque para hacerse publicidad. Es un personaje menor, ramplón y vulgar.

En pleno desafuero, cuando esperaba en mi domicilio por si se ordenaba mi detención, dos diputados locales panistas, Gabriela Cuevas Barrón y Jorge Lara, instruidos por Calderón y de acuerdo con el procurador Rafael Macedo de la Concha, pagaron una fianza de 2,000 pesos para que el juez encargado del asunto abriera el proceso en mi contra, lo cual iba significar inhabilitarme políticamente pero sin que fuera a la cárcel. Ante esto acudí personalmente al juzgado y presenté un escrito exponiendo mi inconformidad y expresando que era inocente y que no me ampararía. Días después el juez regresó todo el expediente a la Procuraduría argumentando que no había sustento jurídico.

Cuando me tocó competir por la Presidencia, Calderón mostró que no tiene escrúpulos morales de ninguna índole. En los días posteriores a la elección, el 24 de julio de 2006, le envié una carta para llevar a cabo un recuento de votos, con el compromiso de respetar el resultado y el señalamiento de que si no aceptaba tendría que asumir su responsabilidad de cara a los mexicanos. Textualmente, al final del escrito le expresé: "Si el Tribunal no cuenta los sufragios y 'avala su triunfo' quedará para siempre la sospecha o la certidumbre de que usted no ganó en las urnas y de que hubo fraude en la elección. De ser así, para millones de mexicanos usted será un presidente espurio y nuestro país no merece ser gobernado por alguien que no tenga autoridad moral ni política".

En realidad, de un hombre inmoral no puede esperarse ningún gesto de dignidad. Durante la campaña, en plena guerra sucia contra nosotros, en una entrevista Denise Maerker le preguntó a Calderón: "¿Aceptaste hacer una campaña tan fuertemente negativa, digamos, hablando tan mal del adversario, porque sentiste que era la única posibilidad de remontar las encuestas en un momento donde parecía realmente que Andrés Manuel era inalcanzable?". La respuesta fue: "La campaña negativa fundamentalmente corrió por cuenta del Partido Acción Nacional". Y cuando ella le insiste: "¿Estabas de acuerdo con eso?", Felipe, riéndose y haciéndose el chistoso agregó: "Sí. Si gano Denise, como dicen en mi tierra, *haiga sido como haiga sido*".

Sobre si hubo fraude o no, a estas alturas son muchas las evidencias que existen para demostrar que Calderón no ganó y que nos robaron la Presidencia. En una ocasión, el actual gobernador de Coahuila, Rubén Moreira, siendo diputado federal, subió a la tribuna de la Cámara para decir: "Calderón se robó la Presidencia", y a coro, en una sesión acalorada, en la que se debatió el asunto de las alianzas entre partidos, el grito de los legisladores priistas contra Calderón fue: "¡Es-pu-rio, es-pu-rio, es-pu-rio!". De igual forma, con desparpajo y cinismo, como si fuese una hazaña, también lo han confesado públicamente Fox, Manuel Espino, en ese entonces presidente del PAN, y muchos otros. Solo espero pacientemente a que hablen la maestra Elba Esther Gordillo y Joaquín Guzmán Loera, *el Chapo*, quienes, culpabilidades aparte, podrían ayudar con sus testimonios a conocer la verdad histórica y harían un gran servicio a la causa de la democracia de México.

El año pasado, en la campaña para elegir gobernador de Zacatecas, Calderón —como lo hizo en Veracruz para favorecer a Yunes Linares en franca alianza con Peña y Salinas en contra nuestra—, se lanzó sin pruebas a acusar a David Monreal de tener vínculos con los Zetas. En esa ocasión, el obispo de Zacatecas en una homilía dominical dijo textualmente: "El candidato que usa medios sucios va a hacer un gobierno sucio". En su momento comenté que, en mi interpretación, el prelado se estaba refiriendo precisamente al proceder de personas como Calderón, quien con fraude y guerra sucia se apoderó de la Presidencia y convirtió al país en un cementerio. Cómo olvidar que Calderón, en busca de la legitimidad que no obtuvo en las urnas, llevó a cabo, sin conocimiento de la realidad y de manera irresponsable, una guerra absurda e infame, por los muertos que ocasionó, en contra del crimen organizado. Una persona cercana a Lázaro Cárdenas Batel me contó que el 3 de enero de 2007, cuando Calderón fue a Michoacán a dar a conocer el inicio de la campaña bélica, el entonces gobernador del estado fue a recibirlo en el aeropuerto, y que estuvo a punto de cometer el error de no identificarlo porque a la salida del avión solo distinguió la corpulenta figura del secretario de la Defensa, Guillermo Galván Galván, y cuando iba a preguntarle por el presidente, apareció Calderón, camuflado con un uniforme militar que le quedaba grande y que lo hacía parecer el comandante Borolas. En el trayecto Lázaro le comentó que en Apatzingán hacía mucho calor pero ni así quiso Calderón quitarse la chaqueta. Fue a la Tierra Caliente michoacana a gritar que usaría la fuerza bruta contra la delincuencia y ya sabemos cuántas desgracias acarreó ese garrotazo a lo tonto al avispero.

Aunque parezca mentira, como antes todo iba mal y ahora todo ha empeorado, los de flaca memoria o proclives a borrar lo que no les conviene, así como aquellos obstinados conservadores, sostienen, por ignorancia o conveniencia, que Calderón fue un buen gobernante. De ahí que no sea en vano combatir esa insensatez explicando con argumentos que Calderón, al igual que Fox, fue una calamidad. A los gobiernos panistas, de 2000 a 2012, les tocó la época de los precios más altos del petróleo en la historia del mundo. Fox administró ingresos por concepto del petróleo del orden de 335,000 millones de dólares, y tan solo de excedentes por los precios altos obtuvo 10,000 millones de dólares por año en el trienio de 2004 a 2006. Asimismo, en 2007, el gobierno *de facto* de Calderón recibió 12,000 millones de dólares de excedentes por precios altos del petróleo de exportación, y en 2008, por 16,500 millones de dólares. Hay que tener en cuenta que ese año la Cámara de Diputados fijó en la Ley de Ingresos de la Federación un precio estimado por barril de 49 dólares, pero este se vendió a 84.3 dólares en promedio. Desde 1901, cuando empezó la explotación de este recurso natural no renovable en México, hasta nuestros días, ningún presidente de la república había obtenido tanto dinero por el petróleo, como el que recibieron en sus sexenios Fox y el usurpador Calderón, quien entre 2007 y 2012 administró ingresos "extras" por precios altos del petróleo, del orden de los 100,000 millones de dólares.

No obstante, todos estos recursos, al igual que los captados por Fox, se utilizaron para subsidiar fiscalmente a sus aliados de las grandes corporaciones empresariales, se dilapidaron con la corrupción o se orientaron para mantener los privilegios de los altos funcionarios públicos. El gobierno espurio no hizo nada para reducir su enorme gasto burocrático. Por el contrario, en 2007 lo aumentó en 154,000 millones de pesos. En 2008 creció 190,000 millones más y, en 2009 se incrementó en 150,000 millones. Es decir, en tres años aumentó el gasto corriente en casi 500,000 millones de pesos. A lo largo del sexenio, este oneroso gasto burocrático pasó de un billón doscientos veintinueve mil ochocientos nueve millones de pesos, a un billón ochocientos cuarenta y dos mil millones de pesos; mientras el crecimiento económico en ese mismo periodo fue de 13 por ciento, cuatro veces menos. Más aún, la deuda pública con Calderón pasó de 1.7 a 5.2 billones, es decir, creció 207 por ciento. En suma: ineptitud, corrupción y derroche a manos llenas.

Por último, la imagen fiel del dispendio y la corrupción de los gobiernos de Fox y Calderón está representada por el caso poco y mal esclarecido de la empresa Oceanografía y de su socio mayoritario, Amado Yáñez Osuna. Esta compañía, apoyada por políticos encumbrados y funcionarios corruptos de Petróleos Mexicanos, recibió contratos de obras y servicios con ganancias estratosféricas. Su periodo de auge coincide con los 12 años de gobiernos panistas. En estos dos sexenios Oceanografía "ganó" alrededor de 160 licitaciones que le dieron ingresos por cerca de 3,000 millones de dólares. Su caída se produjo a partir de 2014, cuando Banamex City Bank acusó a la empresa y a sus directivos de un fraude de 580 millones de dólares por falsificación de facturas y otros documentos. Actualmente, Amado Yáñez Osuna permanece en la cárcel, y uno de sus socios, Martín Díaz Álvarez, sobrino del exsecretario de Hacienda, Gil Díaz, se encuentra prófugo. Cabe la pregunta: ¿cómo es que con tantas influencias, en este caso sí se aplicó la ley? La respuesta es que los de Banamex City Bank tienen más poder, más influencias y más agarraderas. Se equivocaron los de Oceanografía de cliente. Los de muy arriba no se dejan robar con facilidad.

Yáñez se distinguía por sus excentricidades y privilegios: aviones privados, equipos de futbol, yates, autos de lujo, fiestas en Miami y otras extravagancias. Es interesante saber que, según testimonios de quienes lo conocen, su gran pasión son los relojes "de alta gama". Mientras escribía este texto me encontré con un libro de la exclusiva marca suiza Audemars Piguet, publicado en 2012, con referencia a la colección Royal Oak, en la cual la empresa relojera habla de su filosofía corporativa, su historia y de las celebridades internacionales del deporte, el espectáculo y el arte, así como de los clientes superexclusivos de la firma, entre los que figuran jeques árabes y personajes poderosos. En una sección especial aparece Amado Yáñez Osuna como comprador distinguido.

Este personaje, que sale posando en la revista junto a figuras internacionales, famosos y multimillonarios, mandó a hacer una edición especial de estos exclusivos relojes con el nombre de su compañía. Yáñez Osuna pidió que se fabricaran 100 relojes, especialmente diseñados por él, con el logotipo y los colores corporativos de su empresa en la parte posterior, para celebrar el 40 aniversario de Oceanografía. Tal y como se comenta en watchcollectinglifestyle.com es cosa de imaginar cuánto pagó este empresario para que una firma tan famosa como Audemars Piguet le fabricara una edición especial. Como es obvio, dichos relojes no se encargaron para su venta sino para que Yáñez los regalara a clientes, amigos y políticos. Poca gente sabe que, posteriormente, Amado Yáñez mandó fabricar con la misma empresa suiza otra edición especial, a la que llamó *Osa Goliath*, nombre con el que bautizó a uno de los más grandes barcos de su flota petrolera. En esta ocasión fue una serie de relojes de oro muy limitada que finalmente no terminó de pagar. La empresa relojera tuvo que sacarlos a la venta con otro nombre para no incurrir en pérdida. En resumen, Amado Yáñez es conocido por adquirir relojes de la marca Audemars Piguet con precios de más de un millón de dólares cada uno. Sí, leyó usted bien, un millón de dólares.

Este hombre es un ejemplo de cómo traficantes de influencias —que no precisamente empresarios— amasan grandes fortunas en uno o dos sexenios. Es fácil deducir que esta lacra no solo genera inequidad sino también profundos resentimientos sociales. Es terriblemente injusto que mientras millones de mexicanos se debaten en la pobreza, unos cuantos vivan en la opulencia. Reitero que no estamos en contra de quienes obtienen un patrimonio con esfuerzo, trabajo, preparación, habilidad emprendedora y talento empresarial: tales ciudadanos merecen respeto y protección; es más, los verdaderos empresarios no derrochan, son austeros, cuidan lo que les ha costado conseguir. El problema es la riqueza mal habida por medios ilegales y oscuros y relaciones inconfesables con las altas esferas del poder político; tal riqueza se exhibe inexorablemente en despilfarros y lujos ofensivos. Mientras que durante el gobierno de Peña la economía ha crecido a una tasa promedio de 2 por ciento anual, durante 2013, según la firma Bain and Company, el aumento en el consumo de lujo en México creció en un 12 por ciento. Y según la empresa Luxury Society, cada uno de los grandes millonarios mexicanos gasta en promedio 313,000 dólares al año en productos de lujo. Un dato más que exhibe la disparidad existente en nuestro país lo dio a conocer *Knight Frank Global Cities Survey*, al revelar que la Ciudad de México aparece en el lugar 32 entre las 40 urbes elegidas por los más ricos del mundo para realizar sus compras, por encima de Berlín, Washington DC, Boston, Ciudad del Cabo, Auckland, Buenos Aires, Río de Janeiro y Tel Aviv. Ojalá nunca jamás olvidemos que la corrupción origina pobreza, frustración, odios, violencia, desintegración familiar, descomposición social y desigualdad. Por el bien de todos, el distintivo del México del futuro debe ser la honestidad.

RENACIMIENTO

VI. RESCATAR EL ESTADO

MÉXICO NO LOGRARÁ NINGÚN CAMBIO POSITIVO SI LOS
Poderes de la Unión y las instituciones públicas continúan al servicio de unos cuantos. Reitero el elemento
básico de mi diagnóstico nacional: el Estado se encuentra secuestrado por una minoría y esta es la causa principal del desastre nacional. En nuestro país existe una
República aparente, simulada, falsa. Hay poderes constitucionales, pero en los hechos están confiscados por un
grupo. Por eso lo primero que debemos hacer es recuperar democráticamente al Estado y convertirlo en el promotor del desarrollo político, económico y social del país.
Hay que desechar el engaño de que para crecer el Estado
debe diluirse o subordinarse en beneficio de las fuerzas del mercado. El Estado no puede eludir su responsabilidad pública, económica y social. Su razón de ser es

garantizar a todos los ciudadanos una vida digna y justa, con seguridad y bienestar, y su función básica es evitar que los pocos que tienen mucho se aprovechen y abusen de los muchos que tienen poco.

Es importante dejar en claro que el rescate del Estado debe llevarse a cabo de manera pacífica, legal y democrática. Aquí es oportuno volver a exponer cuál será el trato que recibirán los integrantes de la mafia del poder cuando triunfe nuestro movimiento. Es indispensable contestar puntualmente esta pregunta porque, en nuestra concepción, el principal problema de México es, precisamente, el predominio de un puñado de personajes que detentan el poder, formal o informalmente, y que son los responsables de la actual tragedia nacional. Como es obvio, si estamos empeñados en establecer la democracia y transformar el país, es mejor que desde ahora se sepa qué haríamos con los corruptos y traficantes de influencias, del pasado y de ahora, al triunfo de nuestro movimiento.

Antes de contestar a esta interrogante quiero reiterar que no todo el que tiene dinero es malvado, que no estamos en contra de quienes con tenacidad y empeño invierten, generan empleos, obtienen ganancias lícitas y se comprometen con el desarrollo de México. Estamos en contra de aquellos que amasan grandes fortunas de la noche a la mañana apoyados en la ilegalidad, el influyentismo y a la sombra del poder público. Estamos en contra de la riqueza mal habida y de la corrupción política que ha dado al traste con todo y es la causa principal de la desigualdad social y económica. En mi experiencia como dirigente y funcionario público me ha tocado tratar con empresarios con vocación productiva y dimensión social, y creo que para sacar adelante al país se necesita de la participación de todos, de la acción coordinada entre el sector social, el sector público y el sector privado. Desgraciadamente, lo que ha predominado es la codicia y el afán de hacer dinero a toda costa, sin escrúpulos morales de ninguna índole. Contra eso luchamos, porque este es el mal que más aqueja y daña a la nación.

Durante la campaña de 2006, cuando el régimen lanzó una guerra sucia para meter miedo a los empresarios y a la población en general, traté de convencer de que era necesario un cambio real y que nuestro triunfo no significaría una amenaza para nadie. Incluso, afirmé que también a las cúpulas empresariales podría convenirles la renovación de la vida pública porque ya no era posible mantener al país en condiciones de franco deterioro. No obstante, no fueron capaces de entender ni de aceptar nada; optaron por el fraude, por robarnos la elección. Prefirieron seguir viviendo en el mundo de las residencias amuralladas, de los carros blindados, rodeados de guardaespaldas y permaneciendo por largas temporadas en el extranjero, en vez de contribuir a la renovación de la vida pública del país.

Ahora, de nueva cuenta decimos a los integrantes del grupo en el poder que a pesar del gran daño que le han causado al pueblo y a la nación no les guardamos ningún rencor y les aseguramos que tras su posible derrota en 2018 no habrá represalias, persecución o destierro para nadie; simplemente les pondremos un hasta aquí a quienes persistan en abusar de los débiles. Declaramos enfáticamente que lo que se necesita es justicia, no venganza. No odiamos a nadie. Sencillamente deseamos lograr el renacimiento económico, social, político pero, sobre todo, moral de México. Dicho de otra forma, se trata de inaugurar una etapa nueva en la vida pública del país, con un presidente que no esté subordinado a ningún grupo de intereses creados y que solo tenga como mandante al pueblo de México. Respetamos a quienes sostienen la máxima de "ni perdón ni olvido", pero no la compartimos. Si hacemos a un lado el odio podremos caminar con el emblema de la honestidad hacia una sociedad mejor. Se hará realidad la estrofa del himno a Chiapas: "Que se olvide la odiosa venganza, que termine por siempre el rencor, que una sea nuestra hermosa esperanza y uno también nuestro amor".

En correspondencia, en las nuevas circunstancias nuestros adversarios tendrán que entender que ningún grupo, por importante y poderoso que sea, seguirá conspirando contra la paz social en beneficio propio. Nada ni nadie puede valer más que el bienestar y la felicidad del pueblo. El nuevo gobierno democrático garantizará las libertades y cada quien podrá dedicarse a la actividad que más le satisfaga y convenga. Pero obviamente todos tendremos que ceñirnos a la nueva legalidad y a reglas claras; se podrán hacer negocios, pero no habrá influyentismo, corrupción ni impunidad; el presupuesto será realmente público; se dará preferencia a los pobres; se cuidarán los recursos naturales; la riqueza de la nación y los frutos del trabajo de los mexicanos se distribuirán con justicia; y nunca más se permitirá que los privilegios de pocos se sustenten en la opresión, la inseguridad y la miseria de millones de mexicanos.

En lo específico, expongo la postura que mantendremos en cuanto a las llamadas reformas estructurales (laboral, educativa, fiscal, energética, entre otras). Admito de entrada que soy partidario de revertirlas; tengo suficientes razones para sostener que no benefician al pueblo sino que lo perjudican. Pero no responderemos a una imposición con otra imposición; en cambio, se consultará a la gente si tales reformas se mantienen o se cancelan y, lo más importante, se garantizará la libre expresión de la voluntad ciudadana y se respetará la decisión de la mayoría.

Esto no significa que el nuevo presidente dejará de expresar su postura o no tratará de convencer de que por el bien de la República es indispensable recuperar el sector energético para integrarlo, convertirlo en palanca del desarrollo nacional y manejarlo con eficiencia y honestidad para reducir los precios de las gasolinas, el diésel, el gas, la electricidad y los productos petroquímicos, con el propósito de beneficiar al consumidor e impulsar la actividad industrial y crear empleos.

En caso de que la mayoría se manifieste a favor de revertir la llamada reforma energética, de inmediato se iniciará el proceso legal que corresponda. Para esto ayudará mucho que no solo se gane la Presidencia, sino, también, la mayoría en el Congreso. Aun así, llevará tiempo modificar leyes y cancelar contratos para recuperar el dominio pleno de la nación sobre la industria petrolera y eléctrica. Pero es indispensable regresar el sector energético al poder público y evitar que se mantenga como negocio de políticos corruptos, traficantes de influencias y logreros rapaces, tanto nacionales como extranjeros.

Aquí expreso, de igual manera, nuestra determinación de mantener en política exterior una postura mesurada, sin asumir posiciones protagónicas. El respeto al principio de no intervención también nos obliga a ser prudentes. Sabemos que desde 1821 y durante todo el siglo XIX las tareas más importantes de la política exterior de México fueron la consolidación de la independencia y la defensa de la integridad del territorio y de la soberanía. Por causa de las intervenciones extranjeras que padeció el país, la política exterior se centró en la defensa de los intereses nacionales. Según los liberales, el país tenía derecho a gobernarse con independencia de la voluntad y el poder de potencias extranjeras.

A partir de entonces se fueron sentando las bases de la diplomacia mexicana sobre los principios de la no intervención y el respeto internacional a la soberanía de nuestras leyes. No obstante, en la década de los ochenta del siglo XX, aunque con notables excepciones como, por ejemplo, las negociaciones en la Isla de Contadora que, sin duda, evitaron la invasión estadounidense de Nicaragua, estos principios comenzaron a opacarse. En ello mucho tuvieron que ver el debilitamiento de la economía interna y la adopción acrítica del modelo neoliberal. La falta de legitimidad del gobierno de Carlos Salinas, enfrentado a constantes protestas y movilizaciones poselectorales, condujo a un mayor alineamiento con las políticas propiciadas por el gobierno estadounidense. En vez de buscar la reconciliación interna mediante la apertura democrática, se optó por el autoritarismo y se buscó el apoyo y la legitimación en el extranjero.

En 1995, ante la crisis financiera provocada por la ineficiencia de los tecnócratas y la corrupción del salinismo, el gobierno de Zedillo dio al gobierno estadounidense, como aval del crédito de emergencia que gestionó por 20,000 millones de dólares, el ingreso de las exportaciones del petróleo. Sobre esto en particular podría argumentarse que no había otra salida, pero el fondo del asunto es que se puso en riesgo la soberanía nacional por la irresponsabilidad en el manejo de los asuntos internos.

Después del triunfo de Vicente Fox, la política exterior del país se condujo con frivolidad y desmesura. El llamado "gobierno del cambio" se caracterizó por un protagonismo absurdo, dispendioso e innecesario que nos alejó de los principios constitucionales y de la buena tradición diplomática de nuestro país. Felipe Calderón y Peña Nieto, como es evidente y vergonzoso, han expuesto al pueblo y a la nación hasta el ridículo. Hoy, la imagen de México en el extranjero está por los suelos. La nota dominante es la violencia, la corrupción, el entreguismo y la torpeza de los gobernantes.

Recientemente, con motivo de la elección presidencial en Estados Unidos, la llamada clase política, algunos integrantes de la cúpula económica, financiera y de los medios de información, se olvidaron de los históricos principios de no intervención y autodeterminación de los pueblos y se entrometieron en el proceso electoral de nuestros vecinos del norte. Agustín Carstens, gobernador del Banco de México, llegó a declarar, con una irresponsabilidad supina, que si ganaba Donald Trump iba a ser como un huracán fase cinco para nuestro país. Ya sabemos el desenlace: la inestabilidad ha sido de poca intensidad. Sin embargo, subrayo que ese día de la elección en Estados Unidos, antes que nadie, desde las 9 de la noche, hora de la Ciudad de México, 7 de la noche en Baja California, me dirigí a través de un video que se transmitió en Facebook y Twitter a todos los mexicanos para llamar a mantener la calma. Textualmente sostuve:

Considero importante en estos momentos, las 9 de la noche, enviar este mensaje, transmitir este mensaje a todos los mexicanos, en primer lugar a los trabajadores migrantes, a sus familiares, a todo el pueblo de México, incluyo a empresarios, a inversionistas de nuestro país:

No hay motivo de preocupación con el resultado de las elecciones en Estados Unidos. No hay que olvidar que México, por el esfuerzo, el sacrificio de los padres de nuestra patria, es un país libre, independiente, soberano; no es una colonia, no es un protectorado, no depende de ningún gobierno extranjero. Hay que tener calma, tranquilidad.

Considero que fue un error de los integrantes de la mafia del poder en México tomar partido; se olvidaron del principio de la no intervención y de la autodeterminación de los pueblos.

De todas maneras, ante cualquier circunstancia vamos a estar unidos. Llamo a todos los mexicanos a la serenidad. Tenemos que salir adelante; no va a haber problemas mayores, se los aseguro, porque vamos a hacer valer nuestro derecho a la soberanía, esté quien esté en el gobierno de los Estados Unidos.

Repito, México es un país libre, independiente, soberano. Sin baladronadas, sin protagonismos vamos a hacer valer el principio a nuestra independencia y el derecho a nuestra soberanía, no hay nada que temer, vamos adelante.

Por todas estas consideraciones, la política exterior que proponemos se sustentará en la aplicación de una buena política interior, en la seriedad, en la cautela diplomática, en el apego a los principios de autodeterminación de los pueblos, la no intervención, la solución pacífica de controversias, la proscripción de la amenaza o el uso de la fuerza en las relaciones internacionales, la igualdad jurídica de los Estados, la cooperación internacional para el desarrollo, la lucha por la paz, la defensa de los derechos humanos y la conservación del medio ambiente.

Nos comprometemos específicamente a brindar atención especial a la frontera sur a fin de evitar el maltrato de los migrantes centroamericanos y garantizar el respeto de sus derechos humanos. Mantendremos relaciones de amistad y cooperación con los países de América Latina y el Caribe, y se atenderá en forma especial la relación con Cuba, dada la tradición de amistad entre nuestros pueblos. A México le conviene acercarse más, y no solo en lo económico, a países de África, Europa, Asia y Oceanía. Esta relación plural con los pueblos y gobiernos del mundo nos ofrecerá la posibilidad de diversificar nuestra política exterior, tanto en el marco del libre comercio como en la búsqueda de un orden internacional construido entre todos y en el que globalización no quiera decir hegemonía.

Con Estados Unidos se construirá una relación fincada en el respeto y el beneficio mutuos. Por razones obvias, debemos aplicar una política de buena vecindad. La proximidad geográfica de la potencia económica y militar más sobresaliente del mundo, el interés común por cuestiones migratorias y de seguridad, así como nuestros vínculos históricos y culturales, recomiendan mantener una estrategia de diálogo y cooperación permanentes.

En los últimos tiempos, la cooperación se ha enfocado más a temas de seguridad, sin atender las causas que han originado los problemas de violencia ni la creciente migración de mexicanos a Estados Unidos. Por eso consideramos que es el momento, después del triunfo del republicano Donald Trump, de proponer un cambio sustancial en la relación bilateral. La misión será convencer y persuadir a las autoridades del vecino país de que, por el bien de las dos naciones, es más eficaz y más humano aplicar una política de cooperación para el desarrollo que privilegiar, como sucede actualmente, la cooperación policiaca y militar.

Los problemas de índole económica y social no se resuelven con medidas coercitivas. No es con asistencia militar o con labores de inteligencia ni con envíos de helicópteros y armas como se remediará el problema de la inseguridad y la violencia en nuestro país. Tampoco se detendrá el flujo migratorio construyendo muros, haciendo redadas, deportando o militarizando la frontera. Los mexicanos que van a ganarse la vida a Estados Unidos lo hacen por necesidad, no por gusto. Lo arriesgan todo para tener un trabajo con el cual mitigar su hambre y su pobreza.

Por eso se requiere que Estados Unidos amplíe y, sobre todo, reoriente su ayuda oficial a México. Estamos dispuestos a poner nuestro plan económico en correspondencia con el establecimiento de una nueva relación bilateral, basada en la cooperación para el desarrollo y la ayuda mutua. No descartamos, incluso, la posibilidad de firmar un acuerdo para la aplicación de un programa bilateral orientado a reactivar la economía y a crear empleos en México, incluyendo acciones de reactivación económica en la franja fronteriza para aprovechar ventajas mutuas por disposición de mano de obra, recursos naturales y mercado. Todo ello, desde luego, en un marco de respeto a la soberanía de ambos países.

Reitero que la política exterior debe ser la extensión de la política interna. Dicho de otra manera, la política exterior debe ser el espejo de la interior. Si las cosas funcionan en el país, si hay honestidad, justicia, desarrollo y estabilidad política con democracia, seremos respetados y respetables. La experiencia histórica nos enseña que si los intereses extranjeros nos encuentran débiles y divididos seremos más vulnerables y estaremos expuestos a la tentación de quienes busquen absorbernos o subordinarnos. En suma, en política exterior habrá prudencia, respeto al derecho ajeno, cooperación y firmeza en la defensa de nuestra soberanía.

En cuanto al ejercicio de los derechos políticos, el nuevo gobierno garantizará la libre manifestación de las ideas y velará en todo momento por la autonomía de los poderes Legislativo y Judicial. Contribuiremos con hechos a la consolidación de la democracia. En esta materia nos inspiraremos en el ideal y en la actitud consecuente del presidente Francisco I. Madero. Recordemos que durante su gobierno hubo democracia como nunca. Es indudable que Madero se esmeró en respetar la legalidad y la división de poderes, y las pruebas abundan. Por ejemplo, el 5 de junio de 1912, en respuesta al gobernador de San Luis Potosí, Rafael Cepeda, quien le pedía que se removiera a un juez de distrito porque no lo ayudaba en el reclutamiento del personal para formar parte del Ejército, sostuvo: "Me permito manifestarle que yo no deseo que obliguen a ninguno a entrar al Ejército contra su voluntad, y si en este sentido es en lo que el juez de Distrito estorba, amparando a los que se llevan a las filas contra su voluntad, no está justificada esa remoción [...] Yo deseo que los jueces de Distrito sean personas de carácter independiente; no queremos que sean hostiles a los gobernadores, especialmente cuando son tan excelentes amigos y tan patriotas y prudentes como usted; pero tampoco deseo que sean incondicionales, pues entonces ya la justicia federal perdería toda su independencia".[9]

Lo mismo puede decirse de su respeto absoluto a las decisiones del Congreso y a la libertad de prensa. Esta fue tan grande que se llegó a considerar "un error político" que la presidencia de Madero no actuara para someter a los otros poderes ni para subvencionar a los periódicos, como lo había hecho Porfirio Díaz. Sin duda, el mayor aporte de Madero fue su proceder en favor de la democracia. En este aspecto no hay precedente en nuestra historia. Nadie como él ha creído con tanta devoción en la democracia ni se ha preocupado tanto por hacer realidad ese ideal que era la más profunda de sus convicciones. Creía con toda sinceridad que al establecerse una república democrática, México podría resolver sus grandes y graves problemas y avanzar con libertad y justicia hacia la prosperidad. Madero no solo nos legó el esbozo de este proyecto alternativo de nación en espera de que algún día se concluya esta obra por largo tiempo postergada, sino que dio lecciones de cómo hacerlo en medio de la tempestad. Su congruencia en este fundamental asunto se advierte de principio a fin. Todavía estaba en Ciudad Juárez cuando, en mayo de 1911, dijo a un periodista del *New York World*:

> Al subir yo al poder, voy encarnando dos principios: uno de ellos, sancionado ya por la Constitución, y que de mí depende que se cumpla, y que es el de la No Reelección. Otro el Sufragio Efectivo. Para lograr este último se necesita reformar la ley electoral y esto depende principalmente del pueblo. Pero yo me voy a constituir en el principal guardián de esa prerrogativa popular y consideraré que mi principal deber es facilitar la libre manifestación de la voluntad popular, a fin de que las leyes sean genuina expresión de esa voluntad. En una palabra, voy a ser el principal amigo y defensor de las libertades del pueblo. Por los momentos históricos por que atraviesa México, considero secundario todo lo demás.[10]

Ya instalado en la Presidencia fueron muchas sus muestras de respeto al sufragio y casi inexistentes las denuncias por violaciones en los procesos electorales. Madero, como ningún otro presidente en la historia hasta nuestros días, procuró que las elecciones fueran libres y limpias. Veamos algunos ejemplos: el 16 de enero de 1912 escribió a Manuel M. Alegre, gobernador de Veracruz, para señalarle que en las elecciones locales "es indispensable obrar con rectitud, y usted más que ninguno es una garantía para el voto de los veracruzanos".[11] Tres días después le recordó que él estaba "decidido en todos los casos a apoyar al que tenga la mayoría de votos" en la elección de gobernador.[12] "Le repito —le dijo el 23 de enero—: Para mí es exactamente igual cualquiera de los dos candidatos que resulte triunfante, pues únicamente deseo que el que tenga más votos resulte electo, por ser esos los principios por que tanto hemos luchado [...]".[13] Finalmente, el 29 de ese mismo mes, le expresó su satisfacción porque "los resultados obtenidos demuestran que hubo libertad completa en las elecciones".[14]

El 25 de enero de 1912 Madero le escribió al general Jerónimo Treviño, quien seguía siendo el hombre fuerte de Nuevo León: "Usted sabe que los principios de nuestro gobierno son hacer que sea respetado el voto público en todo y por todo, y considero que únicamente son estables en los gobiernos de los estados los gobernadores que cuentan con la mayoría. Por estas circunstancias me permito suplicar a usted se dirija en lo confidencial al gobernador, al Gral. Estrada y personas influyentes del estado, para recomendarles la más absoluta neutralidad en las elecciones y que dediquen todos sus esfuerzos para hacer que sea respetado el voto público".[15]

De igual forma, pero aun con mayor precisión sobre la equidad que debía prevalecer entre los candidatos, el 28 de mayo, en vísperas de las elecciones de diputados y senadores, Madero le hace ver a Manuel Mestre Ghigliazza, gobernador de Tabasco, que "lo prudente y justo es colocar a unos y otros en un perfecto pie de igualdad, de manera que sus trabajos de propaganda puedan llevarse a cabo dentro de la más completa libertad". Consideraba que el gobernador "no debe ya insistir en buscar un apoyo moral exclusivo para determinados candidatos" y subrayaba que "la alta honradez política" de Mestre era "la mejor garantía de que el pueblo no va a encontrar obstáculos en las próximas elecciones para la libre manifestación de su voluntad".[16]

Hay, además, muchos otros testimonios de esta actitud consecuente del presidente Madero. En Michoacán, por ejemplo, el líder católico, José Elguero, cuestionaba que en las elecciones de gobernador el doctor Miguel Silva hubiera logrado ventaja por su "demagogia", pues era un "hombre que todo lo quiere resolver con el pueblo ignorante", aunque al mismo tiempo reconocía que en lo privado el individuo era excelente persona, de trato agradable, de honradez reconocida y por su profesión de médico "se hace acreedor al cariño de cuantos se honran con su amistad". En cuanto a las irregularidades habidas en el proceso electoral, se comprometía a someterse al fallo definitivo

de la cámara de diputados local y exhortaba a todos a hacer lo mismo.[17] El 28 de julio, en un mitin en Pachuca,
Hidalgo, un diputado expresó que en Tulancingo, su pueblo, era la primera vez que en realidad se habían celebrado elecciones, y en respuesta, frente a la multitud, Madero
le ofrece que también "serían libres las de gobernador".[18]

Por si hubiese duda, y como una prueba más del recto proceder de Madero en el terreno de la democracia, es
admirable su actitud de imparcialidad en relación con
los candidatos porfiristas o abiertamente opositores a
su gobierno. En este aspecto destaca el caso de Nemesio
García Naranjo, uno de sus más tenaces detractores y
que triunfó en el distrito de Lampazos, Nuevo León, y a
quien el 2 de octubre le fue entregada su credencial de diputado.[19] En Tabasco sucedía lo mismo: en la región de la
Chontalpa fue electo diputado Tirso Inurreta, un "recal-
citrante porfirista", y su triunfo fue reconocido, a pesar
de que —tal como lo relató el propio Madero— "cuando
fui a Oaxaca en mi gira de propaganda, este señor que era
jefe político allí, estuvo a punto de encarcelarme; pero
de todos modos necesitamos proceder con estricto apego a la ley, respetando siempre los derechos legítimos de
todo ciudadano [...]".[20] José , al señalar la diferencia entre Madero y Porfirio Díaz, celebraba "el contraste de un
presidente demócrata que se informa de los nombres de
los diputados al mismo tiempo que el público, y el antiguo presidente que formaba la lista del Congreso meses
antes de la elección".[21]

En fin, bajo el gobierno de Madero, como casi nunca se ha visto en México, hubo elecciones libres y limpias. Por si fuera poco, esto se logró en medio de intensas turbulencias políticas y sin el antecedente de una tradición democrática en ningún otro momento de nuestra historia; es decir, quedó de manifiesto —y ese es el principal legado de Madero— que con la sola voluntad del presidente es posible hacer valer el sufragio efectivo y hacer realidad un sistema de gobierno representativo, popular y verdaderamente democrático. Por eso Madero ha sido único. No hay otro presidente en la historia de México que haya escrito a los gobernadores para pedirles que se abstuvieran de manipular el voto y que garantizaran con equidad la libre decisión de los ciudadanos.

Escribo esta referencia al ideal supremo de Madero y a su práctica democrática para dejar de manifiesto con toda claridad que si nuestro movimiento triunfa, actuará de esa misma manera. No queremos que ocurra nunca más una imposición. Se dejará de usar el dinero del erario para comprar votos y lealtades; habrá, como ordena la Constitución, absoluta libertad de expresión y no se tolerará ni promoverá la censura abierta o encubierta de los medios y de los comunicadores; la propaganda gubernamental en los medios de información no será tendenciosa ni demagógica; desaparecerán las trampas y el fraude: las autoridades electorales tendrán absoluta independencia para proceder con estricto apego a la Constitución y a las leyes, pero serán medidas con el mismo rasero cuando abusen de sus atribuciones para beneficiar intereses espurios. En suma, nada ni nadie estará por encima de la voluntad soberana del pueblo.

VII. LA SALIDA ES LA HONESTIDAD

LA TABLA DE SALVACIÓN DE MÉXICO PUEDE SER LA HO-
nestidad. Convertir esta virtud en inspiración y forma
de vida de las instituciones es nuestra propuesta. La honestidad es un tesoro, la riqueza enterrada. Extraerla del
México profundo y revalorarla nos permitirá engrande-
cernos, disponer de recursos económicos para el desarrollo y combatir la infelicidad que por décadas ha sido
impuesta al pueblo mediante las "medidas amargas pero
necesarias" que han sido aplicadas con el verdadero propósito de favorecer a unos cuantos.

La corrupción es, como hemos visto, la causa principal de la desigualdad y de la tragedia nacional que padecemos. La deshonestidad de los gobernantes y de las
élites del poder es lo que más ha deteriorado la vida pública de México, tanto por el mal ejemplo como por la

apropiación de bienes de la colectividad. Lo repetiré cuantas veces sea necesario: nada ha dañado más a México que la corrupción política. Según datos de Transparencia Internacional, por más de dos décadas México ha tenido en la corrupción un problema constante y sistémico. Eso lo confirma el Índice de Percepción de la Corrupción 2015, en el que México obtuvo una calificación de 35 puntos sobre 100 posibles.[22]

ÍNDICE DE PERCEPCIÓN DE LA CORRUPCIÓN 2015

Bloque/Región	Posición que ocupa México				Total de países evaluados			
	2012	2013	2014	2015	2012	2013	2014	2015
América	20	20	18	14	30	30	29	24
América Latina	11	11	10	10	20	20	20	20
América Latina y el Caribe	19	20	17	12	28	28	27	22
G20	17	16	16	17	19	19	19	19
OCDE	34	34	34	34	34	34	34	34
Brics+México	5	5	5	5	6	6	6	6
Ranking mundial	106	106	103	95	176	177	175	168

Fuente: Índice de Percepción de la Corrupción, Transparencia Internacional 2015.

No obstante, siendo este el principal problema del país, por decisión de los potentados el tema no se debate ni aparece en la agenda nacional. Se habla de reformas estructurales de todo tipo, pero este grave asunto no se considera prioritario, ni siquiera es parte del discurso político. Los defensores de la globalidad nunca han pensado en importar ejemplos de países y gobiernos que han tenido éxito en hacer de la honestidad el principio rector de su vida pública. Mientras Nueva Zelanda, Dinamarca, Finlandia, Noruega y Suecia ocupan los primeros lugares en honestidad, México se sitúa entre los más corruptos del mundo. Y, como es obvio, las naciones éticamente desarrolladas cuentan con una clase media fuerte y mayoritaria, y prácticamente no existen la pobreza, la inseguridad ni la violencia.

En los países donde la corrupción es excepcional e irrelevante el Estado promueve el desarrollo y cumple con su responsabilidad social. Noruega es el tercer exportador de petróleo en el mundo y esa actividad se maneja como un negocio público administrado por el Estado para beneficio de sus habitantes, que contempla incluso el reservar un gran porcentaje de las utilidades a un fondo de ahorro como herencia para las futuras generaciones. Asimismo, en todos estos países hay democracia efectiva; se respetan los derechos humanos; se garantiza el acceso universal a Internet, y el Estado de Bienestar atempera las desigualdades y hace posible la justicia social. En Dinamarca, por ejemplo, la población cuenta con educación gratuita de calidad en todos los niveles escolares; hay becas para todos los estudiantes de nivel medio superior, superior y posgrado; servicios médicos y medicamentos gratuitos; no se paga peaje; hay pensión para adultos mayores; asistencia social; apoyo para la renta de vivienda; permiso con goce de sueldo de seis meses por maternidad; servicio gratuito en bibliotecas y centros recreativos. Todo esto puede lograrse en México si desterramos la corrupción, porque el país cuenta con muchos recursos y riquezas naturales y un pueblo honrado y trabajador.

Lo paradójico y absurdo es que la honestidad no es ninguna "costumbre exótica" que tendríamos que importar sino un activo de la sociedad mexicana. Aunque viva en un pantano donde todo parece estar podrido, nuestro pueblo es decente. Se requiere, simplemente, de voluntad política para aprovechar las bondades de esta virtud, exaltarla entre todos para hacerla voluntad colectiva y, en consecuencia, sinónimo de buen gobierno.

Por eso es importante recalcar que nuestra propuesta es fortalecer el hábito de la honestidad. No olvidemos que, por fortuna, en los pueblos del México profundo se conserva aún la herencia de la civilización mesoamericana y existe una importante reserva de principios para regenerar la vida pública. Me consta que hay comunidades donde las trojes que se usan para guardar el maíz están en el campo, en los trabajaderos, lejos del caserío, y nadie piensa en apropiarse del esfuerzo ajeno. Hasta hace no mucho, en numerosas localidades rurales no se tenía noción del robo. Repito aquí la anécdota: recientemente un joven compañero de Morena olvidó su cartera en el revistero de un avión comercial y días después recibió la llamada de un campesino migrante desde un lugar de California para informarle que había encontrado su cartera con sus documentos y dinero. El campesino, originario de una comunidad de Veracruz, le preguntó cuánto llevaba en la cartera y una vez aclarado el asunto se la envió a su domicilio. Mi joven compañero le preguntó al migrante, que apenas hablaba español, por qué lo hacía. El hombre le respondió que sus padres le habían enseñado a hacer el bien sin mirar a quién y la certeza de que si actuaba así tendría una recompensa mayor.

Por ello digo que la honestidad es una virtud que forma parte del patrimonio moral del pueblo mexicano; solo se requiere darle su lugar, ponerla en el centro del debate público y aplicarla como principio básico para la regeneración nacional. Elevar la honestidad a rango supremo nos traerá muchos beneficios. Los gobernantes contarán con verdadera autoridad moral para exigir a todos un recto proceder y nadie tendrá privilegios indebidos o ilícitos. Con este imperativo ético por delante se recuperarían recursos que hoy se van por el caño de la corrupción y se destinarían al desarrollo y al bienestar del pueblo.

La decisión de enarbolar la bandera de la honestidad irá acompañada de la actuación consecuente de los servidores públicos. Predicar con el ejemplo será la enseñanza mayor. La corrupción se lleva a cabo, primordialmente, de arriba hacia abajo y hay que eliminarla así, como se barren las escaleras, de arriba para abajo. Suele ocurrir que entre más alto es el cargo del funcionario, mayor es la cantidad de dinero que obtiene por sobornos y otros

[123]

ilícitos. Por lo mismo, si el presidente es honesto, ese recto proceder tendrá que ser secundado por los demás servidores públicos.

En forma categórica expreso que no habrá impunidad. Al asumir el mando del Poder Ejecutivo propondremos una reforma a la Constitución para eliminar los fueros del presidente de la República. Entre otras medidas se suprimirá la disposición de que el jefe del Poder Ejecutivo no puede ser sujeto a ninguna pena por el delito de corrupción. Esta prerrogativa está vigente desde la Constitución de 1857, cuyo artículo 103 establecía textualmente: "Los diputados al Congreso de la Unión, los individuos de la Suprema Corte de Justicia y los secretarios del Despacho, son responsables por los delitos comunes que cometan durante el tiempo de su encargo, y por los delitos, faltas u omisiones en que incurran en el ejercicio de ese mismo encargo. Los gobernadores de los Estados lo son igualmente por la infracción de la Constitución y leyes federales. Lo es también el presidente de la República, pero durante el tiempo de su encargo solo podrá ser acusado por los delitos de traición a la patria, violación expresa de la Constitución, ataque a la libertad electoral y delitos graves del orden común".

Aun con la Revolución de por medio, originada para hacer valer las demandas de justicia y democracia por las que murieron un millón de mexicanos, los constituyentes de 1917, que incorporaron importantes reivindicaciones sociales y de fortalecimiento a nuestra soberanía, eliminaron el precepto de 1857 de que el presidente de la República podría ser juzgado por ataques a la libertad electoral, y mantuvieron vigente la disposición de no castigarlo por actos de corrupción. Es importante señalar que los constituyentes sabían de lo que se trataba. Al final del gobierno de Manuel González, su compadre Porfirio, para "apretarlo", había dado la línea a los diputados de no aprobarle su última cuenta pública, la de 1884, y se le acusó de corrupción; pero una vez que aceptó la reelección del dictador, la Cámara de Diputados se constituyó en gran jurado y resolvió que, de conformidad con el artículo 103 de la Constitución, el presidente de la República no podía ser juzgado sino por los delitos de traición a la patria, violación expresa de la Constitución, ataques a la libertad electoral y delitos graves del orden común. Hoy, como ayer, esas disposiciones están vigentes, excepto por lo que atañe a los ataques a la libertad electoral y la violación expresa de la Constitución, señalamientos que fueron suprimidos —desde luego, en forma nada casual— de la Constitución de 1917.

Con esta actitud política y con otras medidas antidemocráticas y de impunidad en favor de los gobernantes se afianzó el régimen presidencialista de corrupción y privilegios en el México posrevolucionario. El atraso que mantenemos en esta materia en comparación con otros países del mundo es notorio y vergonzoso. Piénsese en los casos de Islandia, Brasil o Guatemala; en este último país tienen en la cárcel, en el "bote", como se dice colo-quialmente, al expresidente por un fraude de 40 millo-nes de pesos, mientras en México, en donde los jefes del Ejecutivo han robado mucho más que esa "bicoca", nun-ca ha pisado la cárcel un "primer mandatario" por un delito de esa naturaleza. En otras palabras, el exfuncio-nario centroamericano preso no llega ni a carterista en comparación con los políticos corruptos de nuestro país. Con estas consideraciones en mente presentaremos la iniciativa de reforma al artículo 108 de la Constitución para suprimir el fuero y permitir que tanto el titular del Ejecutivo como otros altos funcionarios públicos puedan ser juzgados por el delito de corrupción.

La gran tarea que significa transformar al México de hoy solo podrá enfrentarse y consumarse con un equipo in-tegrado por hombres y mujeres con principios y con au-toridad moral y política. Auténticos servidores públicos guiados por valores más elevados que sus aspiraciones personales, capaces de entender que el poder solo ad-quiere sentido y se convierte en virtud cuando se ejerce con honestidad y en beneficio de los demás. La selección de los miembros del gabinete se hará con criterio inclu-yente, sin importar la filiación partidista, y entre quie-nes contraigan el compromiso sincero de trabajar por la transformación del país.

El gobierno, repito, dará el ejemplo en el combate a la corrupción; los servidores públicos serán mujeres y hombres de inobjetable honestidad; ninguna persona con antecedentes de enriquecimiento ilícito podrá participar en la función pública. Llegar al gobierno no significará un privilegio o la oportunidad para hacer negocios al amparo del poder público. El gobierno dejará de ser una fábrica de nuevos ricos. Cambiará por completo la mala imagen que el mundo tiene de nuestro país. Sin corrupción, el gobierno federal tendrá la suficiente autoridad moral y política para ser respetado en las entidades de la República y en el extranjero.

Resumo aquí los lineamientos básicos en esta materia:

a) Se convocará a la sociedad en su conjunto para fortalecer el hábito de la honestidad, pues hacer realidad este ideal depende, en mucho, de involucrar a todas las mexicanas y a todos los mexicanos.

b) Se definirán procedimientos de participación ciudadana en cada etapa del proceso de combate a la corrupción.

c) Se crearán mecanismos ágiles y efectivos para permitir a los ciudadanos la denuncia en casos de corrupción.

d) El sistema de declaración patrimonial y de transparencia será de aplicación universal, sin excepción alguna. Se establecerá la obligación legal y moral de publicar la declaración patrimonial, la declaración de intereses y la declaración fiscal de toda la cadena de mando, desde los titulares de las dependencias hasta los órganos desconcentrados, delegacionales, entidades, órganos autónomos y poderes de la Unión, hasta el último funcionario que participa en los procesos licitatorios y de asignación de contratos de obras, adquisiciones y prestación de servicios.

Es un hecho que no basta con conocer el crecimiento del patrimonio de algún funcionario. La actuación pronta y expedita de los órganos de vigilancia y sanción es indispensable. Sin castigo, la propuesta de la llamada ley "3 de 3" y las recientes reformas aprobadas como "un paquete anticorrupción", tienden a convertirse en una simulación.

La Secretaría de la Función Pública y los órganos internos de control, así como los que hay en los poderes Legislativo y Judicial, según sea el caso, deberán realizar una verificación, no aleatoria sino total, de las declaraciones de intereses de los funcionarios, y cotejar las declaraciones del sistema de evolución patrimonial con las declaraciones fiscales de los individuos correspondientes, a fin de determinar la congruencia de la información. Si no existe ninguna anomalía, expedirán la certificación correspondiente, la cual se anotará en dicho sistema. En caso contrario, iniciarán la investigación que corresponda.

e) La Auditoría Superior de la Federación, las contralorías y órganos de control locales, actuarán en tiempo real, no como sucede en la actualidad, que sus recomendaciones o denuncias se presentan luego de un año o más de cometidos los ilícitos y el daño patrimonial.

f) No podrán participar en concursos de obra o licitaciones para venta, servicio o concesión ni podrán ser controladas para realizar actividades con el sector público o para explotar bienes de la nación, las empresas nacionales y las extranjeras que estén asentadas en el país o busquen operar en México y que tengan en su personal a exfuncionarios con nivel de director hacia arriba, antes de que estos cumplan 10 años de haber salido del sector público.

g) Se establecerán sanciones administrativas y penales a las empresas contratistas y a servidores públicos involucrados en la ejecución de obras públicas deficientes o no ejecutadas, realizadas con sobrecostos o ampliaciones de los contratos mayores al 100 por ciento, entre otras condiciones punibles.

h) Ni los funcionarios ni sus familiares podrán vincularse con empresas nacionales o extranjeras para hacer negocios privados al amparo del poder público.

i) Se acabará con el influyentismo y no se permitirán componendas de servidores públicos con particulares, contratistas, proveedores, gestores, líderes deshonestos, coyotes y toda esa caterva acostumbrada a vivir a costillas del erario y a medrar en detrimento del interés general y del patrimonio público.

j) La corrupción, el lavado de dinero, el conflicto de intereses o el influyentismo, serán considerados como delitos graves y se castigarán con severas penas de cárcel.

k) Se reformará la Constitución para crear en el Poder Judicial de la Federación una instancia especial, completamente autónoma y con amplias facultades para combatir y castigar delitos de corrupción.

Reitero: la erradicación de la corrupción depende principalmente de que en esa tarea se involucre la voluntad política y la capacidad de decisión del titular del Ejecutivo y de la autoridad moral de los gobernantes. Si hay integridad en los servidores públicos y no predomina el contratismo voraz, el presupuesto, manejado con eficiencia y honradez, puede rendir mucho en beneficio de la sociedad en su conjunto. Pero si continúan las asociaciones delictuosas entre políticos, funcionarios, proveedores y contratistas y se porfía en desconocer las debidas fronteras entre los negocios públicos y privados, la corrupción seguirá siendo distintivo nacional. En enero del año pasado se publicó en el *Diario Oficial* el Presupuesto para 2016, y en marzo, apenas dos meses después, la Secretaría de Hacienda llevó a cabo modificaciones para aumentar considerablemente y sin justificación alguna el costo de ocho proyectos de obras en los cuales han obtenido contratos empresas vinculadas a funcionarios del gobierno federal. Estos proyectos originalmente tenían autorizado por el Congreso un presupuesto de 189,322 millones de pesos, pero este se incrementó a 286,192 millones; es decir, 96,870 millones más, 51 por ciento. Entre las obras con mayor reasignación de recursos aparece el nuevo aeropuerto de la Ciudad de México, que tenía autorizados 104,396 millones y aumentó a 180,122 millones de pesos, 72.5 por ciento.

Cabe añadir que solo tres meses más tarde, en junio de 2016, la Secretaría de Hacienda realizó un recorte al gasto público de 31,000 millones de pesos por la sacudida financiera que produjo el Brexit en Gran Bretaña y en el mundo, pero el ajuste no incluyó ninguna disminución en el presupuesto de los ocho proyectos de obras antes mencionadas. La reducción se aplicó a programas sociales; por ejemplo, le quitaron 6,000 millones al Seguro Popular para la Salud; 3,000 millones a comunidades indígenas; 1,500 millones al fomento agrícola; 1,100 millones al Programa Nacional de Becas; 1,100 millones a la Reforma Educativa; 1,000 millones al Programa Prospera; 848 millones al fortalecimiento de la calidad educativa; 1,012 millones a las actividades científicas, tecnológicas y de innovación; 750 millones al tratamiento de aguas residuales; 613 millones a educación superior; 600 millones al Fondo Nacional Emprendedor, entre otros. Lo mismo puede decirse del ajuste al presupuesto aprobado para 2017, en el cual no se tocó el gasto destinado a mantener a la burocracia dorada, pero se afectaron los programas sociales y la inversión pública. Pronto, muy pronto, se acabarán estas lamentables aberraciones. Termino este capítulo manifestando que hay suficientes razones y datos contundentes para sostener que erradicar la corrupción en el gobierno nos permitirá ahorrar hasta 10 por ciento del Presupuesto Público, es decir, 500,000 millones de pesos.

VIII. AUSTERIDAD REPUBLICANA

MUCHO SE HA INSISTIDO EN QUE NO PODEMOS PROMO-
ver el desarrollo por falta de presupuesto, lo cual es falso.
Las finanzas y la riqueza pública de México, aun con el
progresivo deterioro padecido durante el periodo neoliberal, siguen siendo cuantiosas e importantes. Una cosa
es que el Estado no deba asfixiar la iniciativa de la sociedad civil ni impedir de manera absurda la participación
conjunta y ordenada de los sectores público, privado y
social, y otra muy distinta es que el Estado no asuma su
función de promotor del desarrollo por una supuesta in-
capacidad económica.

El problema es la corrupción, no la debilidad de las
finanzas públicas. En 2017, como vimos, el presupuesto autorizado por la Cámara de Diputados fue de 4.9 billones de pesos; es decir, corresponde a 13,000 pesos

mensuales por familia, aproximadamente. Sin embargo, en nuestro país, una gran cantidad del presupuesto no se destina a promover el desarrollo ni el bienestar social sino a facilitar el saqueo o traslado de bienes de la nación a particulares, nacionales o extranjeros. El presupuesto se utiliza para mantener una onerosa estructura burocrática al servicio de la mafia del poder.

Por eso sostengo que la austeridad no solo es un asunto administrativo sino de principios. Los gobernantes, como decía el presidente Juárez, "no pueden disponer de las rentas sin responsabilidad; no pueden gobernar a impulsos de una voluntad caprichosa, sino con sujeción a las leyes; no pueden improvisar fortunas ni entregarse al ocio y a la disipación, sino consagrarse asiduamente al trabajo, resignándose a vivir en la honrada medianía que proporciona la retribución que la ley ha señalado", y, agrego, no debe haber gobierno rico con pueblo pobre.

La aplicación de una política de austeridad nos permitirá, junto con el combate a la corrupción, contar con presupuesto suficiente para promover el desarrollo y garantizar el bienestar de todos. Con esta estrategia no habrá necesidad de aumentar impuestos en términos reales ni de crear nuevas contribuciones, y tampoco se caería en déficit o en el financiamiento del desarrollo con deuda pública.

El presupuesto aprobado para 2017 fue de 4.9 billones; de ese monto, el gasto no programable ascendió a un billón trescientos treinta y ocho mil millones (27 por ciento) y el gasto programable a tres billones quinientos cincuenta mil millones de pesos (73 por ciento). El gasto no programable se integra, básicamente, por dos rubros: el pago de intereses de la deuda pública, que absorbe el 43 por ciento, y las participaciones de recursos a entidades federativas que representan el 55 por ciento. Estos dos ramos no suman el 100 por ciento porque hay un pequeño porcentaje registrado como adeudos de ejercicios fiscales anteriores que implica alrededor de 2 por ciento. Por su parte, el gasto programable se compone de gasto corriente, que consume el 84 por ciento y el llamado gasto de inversión, al que se destina el 16 por ciento.

Nuestro Plan de Ahorro y Reasignación Presupuestal implica liberar del gasto no programable 5,000 millones del costo financiero de la deuda; asimismo, se propone reorientar 357,000 millones de pesos del gasto corriente; es decir, ahorrar el 12 por ciento. La aplicación de esta fórmula nos permitirá incrementar la inversión gubernamental de 585,399 millones a 947,064 millones, o sea, 62 por ciento. La nueva distribución del presupuesto quedaría de la siguiente manera:

REASIGNACIÓN DE LOS AHORROS
(Millones de pesos)

Concepto	Aprobado 2016	Ajustado 2016	Aprobado 2017	Propuesta 2017
Gasto neto del sector público	4,763,874	4,602,296	4,888,893	4,888,893
Gasto no programable	1,157,168	1,157,168	1,338,505	1,333,505
Pago de intereses de deuda[1]	462,372	462,372	572,563	567,563
Participaciones federales	678,747	678,747	742,566	742,566
ADEFAS	16,049	16,049	23,376	23,376
Gasto programable	3,606,706	3,445,128	3,550,388	3,555,388
Gasto corriente	2,867,837	2,816,261	2,964,989	2,608,323
Inversión	738,869	628,867	585,399	947,064

1/ El pago de intereses de la deuda incluye las erogaciones que realiza la Unidad de Crédito Público en el Ramo 34 Erogaciones para los programas de apoyo a ahorradores y deudores de la banca por 20,567 millones en el aprobado y el ajustado en 2016, así como 35,849 millones en el aprobado 2017.
Fuente: Presupuesto de Egresos de la Federación para el Ejercicio Fiscal 2016 y 2017, y para el presupuesto ajustado 2016 se consideran los dos recortes anunciados por la Federación. El presupuesto se encuentra neteado, es decir se excluyen los subsidios y transferencias del Gobierno Federal a las Entidades de Control Directo y Empresas Productivas del Estado, así como las Aportaciones al ISSSTE.

¿Cómo hacerlo?

Para liberar y reasignar partidas del presupuesto, se utilizarán varios instrumentos y criterios. Ejemplos:

El ahorro por 5,000 millones de pesos en el pago de intereses de la deuda se logrará de la siguiente manera:

a) El gobierno hará el compromiso de fortalecer la política financiera al no incurrir en déficit porque no se gastará más de lo presupuestado ni se aumentará la deuda en términos reales.

b) La confianza en la seguridad de las inversiones y su respectivo rendimiento generará un mejor ambiente para obtener mejores condiciones en el refinanciamiento y la disminución del pago de intereses.

c) La reducción que proponemos es bastante conservadora, en el entendido de que, al mes de septiembre de 2016, la deuda pública neta del Sector Público Presupuestario fue de nueve billones doscientos once mil millones de pesos, y consumirá cerca de 480,000 millones por concepto de intereses, comisiones y gastos de la deuda al cierre del año. En el plan oficial de 2017 se destinan a este rubro 568,000 millones de pesos.

d) Se procurará que en todo el proceso de reestructuración de la deuda federal el Banco de México participe lo más activamente posible en su papel de agente financiero y asesor del gobierno federal.

e) Esta institución siempre será consultada para evitar que las inversiones públicas y otros factores como los incrementos salariales desaten la inflación.

En cuanto a la reducción del gasto corriente, la propuesta consiste en ahorrar del capítulo 1000, denominado "Servicios personales", cuyo monto asciende a un billón ciento sesenta y cuatro mil millones, el 11 por ciento, o sea 132,000 millones. La mayor parte del dinero de este capítulo del presupuesto se destina al pago de sueldos y a otras percepciones "ordinarias y extraordinarias". En la actualidad no existe claridad sobre el ingreso real recibido por los funcionarios públicos;[23] es decir, se oculta la entrega de bonos y pagos extraordinarios de distinta índole; de modo que lo primero será transparentar el costo de cada plaza en el gobierno federal, en cumplimiento con lo establecido en el artículo 127 constitucional. De todas maneras, aun sin incluir otros gastos, en 2017 la plantilla de personal disponible comprende a 1'766,191 servidores públicos y representaba una erogación anual de 740,043 millones de pesos, 64 por ciento del costo total del capítulo de "Servicios personales".

COSTO DE LAS PERCEPCIONES ORDINARIAS DEL ANALÍTICO DE PLAZAS Y REMUNERACIONES COMPARADO CON EL ANALÍTICO DE CLAVES PRESUPUESTARIAS DE LA FEDERACIÓN 2016
(Millones de pesos)

Ramo	Descripción	Plazas	Costo total anual de percepciones ordinarias Analítico de plazas y remuneraciones	Costo total anual Analítico de claves	Variación
	Total	1,766,191	740,043	825,660	85,617
1	Poder Legislativo	6,913	4,609	8,898	4,289
2	Oficina de la Presidencia de la República	1,307	705	1,044	339
3	Poder Judicial	46,869	50,266	54,775	4,509
4	Gobernación	79,867	32,352	32,252	(100)
5	Relaciones Exteriores	3,703	1,818	4,848	3,030
6	Hacienda y Crédito Público	43,009	17,131	17,011	(120)
7	Defensa Nacional	214,325	62,230	51,145	(11,085)
8	Agricultura, Ganadería, Desarrollo Rural, Pesca y Alimentación	22,453	7,509	7,535	25
9	Comunicaciones y Transportes	19,553	6,826	7,286	459
10	Economía	6,738	2,685	3,098	413

(Cont.)

					(Cont.)
11	Educación Pública	199,800	72,441	101,519	29,078
12	Salud	67,813	24,615	25,666	1,051
13	Marina	65,605	22,191	19,516	(2,675)
14	Trabajo y Previsión Social	5,811	1,981	2,054	74
15	Desarrollo Agrario, Territorial y Urbano	6,133	1,992	1,863	(129)
16	Medio Ambiente y Recursos Naturales	23,206	7,428	7,888	461
17	Procuraduría General de la República	25,918	12,392	11,618	(774)
18	Energía	3,032	1,842	1,519	(324)
20	Desarrollo Social	10,917	3,646	2,914	(733)
21	Turismo	2,185	965	984	19
22	Instituto Nacional Electoral	10,538	4,864	7,373	2,509
23	Provisiones Salariales y Económicas	2,705	657	19,336	18,679
25	Administración Federal de Servicios Educativos en el Distrito Federal	98,646	22,731	49,986	27,255
27	Función Pública	1,734	1,100	869	(231)
31	Tribunales Agrarios	1,611	671	614	(57)
32	Tribunal Federal de Justicia Administrativa	3,253	1,904	1,976	72
35	Comisión Nacional de los Derechos Humanos	1,689	1,149	1,263	113
37	Consejería Jurídica del Ejecutivo Federal	159	126	107	(19)

38	Consejo Nacional de Ciencia y Tecnología	8,216	5,065	5,529	464
40	Instituto Nacional de Estadística y Geografía	13,629	4,571	5,455	884
41	Comisión Federal de Competencia Económica	448	398	419	21
42	Instituto Nacional para la Evaluación de la Educación	778	531	530	(2)
43	Instituto Federal de Telecomunicaciones	1,263	932	935	3
44	Instituto Nacional de Transparencia, Acceso a la Información y Protección de Datos Personales	709	641	670	29
45	Comisión Reguladora de Energía	235	235	238	3
46	Comisión Nacional de Hidrocarburos	214	233	219	(14)
47	Entidades no Sectorizadas	3,738	1,460	1,630	169
48	Cultura	13,792	4,610	5,532	922
50	Instituto Mexicano del Seguro Social	430,258	183,882	176,493	(7,389)
51	Instituto de Seguridad y Servicios Sociales de los Trabajadores del Estado	106,426	35,361	38,286	2,925
52	Pemex Consolidado	116,601	77,125	89,813	12,688
53	Comisión Federal de Electricidad	94,392	56,170	54,953	(1,217)

Nota: Se excluyen 64,574 plazas de las Entidades de Control Indirecto que no afectan el Capítulo de Servicios Personales y del Analítico de Claves se excluye el Ramo 33 para hacer comparables las bases. Para el caso de las Plazas de Médico No Familiar 80 del IMSS se consideran las percepciones ordinarias de 2016, dado que inexplicablemente en 2017 presentan una reducción del 56 por ciento.
Fuente: Presupuesto de Egresos de la Federación para el Ejercicio Fiscal 2017, Tomo IX Analítico de Plazas y Remuneraciones; y Transparencia Presupuestaria, Datos Abiertos, Analítico de Claves.

El ahorro que proponemos significa reducir a la mitad los sueldos de los altos funcionarios públicos, aquellos que ganan más de un millón de pesos anuales. Se trata de una disminución progresiva y proporcional de jefe de departamento hacia arriba. La escala progresiva significa que los recortes serán moderados en niveles de mandos medios e irán aumentando conforme se incrementan los sueldos. Por ejemplo, el presidente, los secretarios, diputados, senadores, magistrados y ministros de la Corte, que reciben más de 220,000 pesos mensuales, obtendrán 110,000 como sueldo neto, y nadie ganará más de esa cantidad. Partimos del criterio de que los altos funcionarios públicos en nuestro país ganan demasiado, o dicho de otra forma, los sueldos en el gobierno están inflados en los niveles altos. La burocracia dorada en nuestro país se distingue por ser la que más gana en el mundo, por consumir la mayor cantidad de presupuesto y por devengar sueldos superiores a los recibidos por los empleados del sector privado.

En 2016 en el gobierno estadounidense solo el presidente Barack Obama ganaba más que los altos funcionarios públicos de México; pero los ministros de la Suprema Corte, los consejeros de la Judicatura y el presidente del Tribunal Electoral de nuestro país tenían percepciones mayores que las de los presidentes o primeros ministros de Canadá, Alemania, Suecia, Reino Unido, Japón, Sudáfrica, Chile, Brasil o Italia.

SUELDOS DE ALTOS FUNCIONARIOS EN OTROS PAÍSES
(Brutos y en pesos)

País	Presidente	Ministro de Justicia		Secretario de Estado	Diputado	Senador
Estados Unidos	7,224,000.00	4,708,242.00		4,292,862.00	3,142,440.00	3,492,804.00
Canadá	6,287,280.00	2,433,356.60		857,050.00	2,394,120.00	2,042,870.00
Alemania	4,359,840.00	3,669,033.60		3,731,495.00	2,420,681.00	1,107,031.00
México	4,300,854.00	6,766,428.00	1/	3,672,546.00	1,916,121.00	2,732,992.00
Sudáfrica	4,157,100.00	3,688,756.20		3,148,920.90	2,460,511.68	3,148,920.90
Suecia	4,126,670.00	-		4,153,040.40	1,620,120.00	2,538,108.00
Reino Unido	3,975,750.00	6,072,780.00		2,754,846.00	2,091,440.00	2,549,112.19
Chile	3,637,155.00	1,715,024.79		3,235,692.00	2,334,061.00	3,235,692.00
Brasil	2,625,724.00	2,390,600.33		1,431,360.00	3,241,800.00	1,515,256.16
Italia	2,079,963.00	1,120,977.97		-	2,867,332.00	2,426,129.66

1/ En 2016, el ministro Presidente de la Suprema Corte de Justicia de la Federación, los Consejeros de la Judicatura y el Presidente del Tribunal Electoral del Poder Judicial de la Federación tenían las mismas remuneraciones.
Fuente Estrategia y Negocios 2015.
http://usgovinfo.about.com/od/governmentjobs/a/Annual-Salaries-Of-Top-Us-Government-Officials.htm
http://www.lop.parl.gc.ca/ParlInfo/Lists/Salaries.
aspx?Menu=HOC-Politic&Section=b571082f-7b2d-4d6a-b30a-b6025a9cbb98&Year=2016
http://www.abc.es/20120603/internacional/abci-sueldos-presidentes-ministros-europa-201205292201.html
http://www.eleconomista.es/economia/noticias/1252253/05/09/Cuanto-gana-un-diputado-en-los-paises-europeos.html
http://www.theclinic.cl/2015/03/11/
el-sueldo-de-bachelet-en-comparacion-con-los-presidentes-de-las-potencias-mundiales/
http://spanish.peopledaily.com.cn/31614/7890757.html
http://www.riksdagen.se/en/how-the-riksdag-works/the-work-of-the-riksdag/the-members/
http://www.parliament.uk/documents/lords-finance-office/2014-15/Financial-support-for-Members-briefing-note-2014-15.pdf
http://www.abc.es/20120603/internacional/abci-sueldos-presidentes-ministros-europa-201205292201.html
http://www.theclinic.cl/2015/03/11/
el-sueldo-de-bachelet-en-comparacion-con-los-presidentes-de-las-potencias-mundiales/
http://www.lasegunda.com/Noticias/Nacional/2014/04/927550/
sueldos-de-diputados-chilenos-entre-los-mas-altos-del-continente-polemica-por-proyecto-para-rebajarlos
http://www6g.senado.leg.br/transparencia/sen/4981/?ano=2016
http://cnnespanol.cnn.com/2016/11/01/venezuela-el-pais-donde-los-congresistas-tienen-el-salario-mas-bajo/
http://www.theclinic.cl/2015/03/11/
el-sueldo-de-bachelet-en-comparacion-con-los-presidentes-de-las-potencias-mundiales/
http://www.eleconomista.es/economia/noticias/1252253/05/09/Cuanto-gana-un-diputado-en-los-paises-europeos.html
NOTA: Se consideraron los siguientes Tipos de Cambio: Pesos/EUR 20.21; Pesos/dll 18.06; Pesos/crn sue 2.13; Pesos/rwd sud 1.35; Peso/rea bra 5.68; Peso/dlls cnd 13.98; Peso/rup 0.27

Según datos oficiales, estos son los sueldos de los altos funcionarios públicos en 2017:

SUELDOS DE ALTOS FUNCIONARIOS EN MÉXICO
(Pesos)

Concepto	Presidente de la República	Senador de la República	Diputado Federal	Auditor Superior de la Federación	Ministro Presidente de la Suprema Corte de Justicia	Consejero de la Judicatura	Presidente del Tribunal Electoral	Magistrado del Tribunal Electoral	Presidente del Instituto Nacional Electoral	Presidente de la Comisión de Derechos Humanos
Remuneración Total Anual Neta (RTA)	3,002,972.00	1,884,312.00	1,460,550.00	2,957,059.00	4,658,775.00	4,714,413.00	4,564,875.00	2,961,450.00	2,994,563.00	2,905,378.00
Impuesto sobre la renta retenido (35%) *	1,311,726.00	850,783.00	482,361.00	1,307,710.00	2,279,459.00	2,223,821.00	2,201,553.00	1,342,447.00	1,298,266.00	1,320,054.00
Percepción bruta anual	4,314,698.00	2,735,095.00	1,942,911.00	4,264,769.00	6,938,234.00	6,938,234.00	6,766,428.00	4,303,897.00	4,292,829.00	4,225,432.00
I. Percepciones ordinarias:	3,460,475.00	2,735,095.00	1,942,911.00	3,438,058.00	6,085,011.00	6,085,011.00	5,955,833.00	3,615,142.00	4,292,829.00	3,459,626.00
a) Sueldos y salarios:	2,502,851.00	2,057,328.00	1,264,536.00	2,371,930.00	4,743,537.00	4,700,524.00	4,594,460.00	2,646,420.00	3,152,808.00	2,383,700.00
b) Prestaciones:	957,624.00	677,767.00	678,375.00	1,066,128.00	1,341,474.00	1,384,487.00	1,361,373.00	968,722.00	1,140,021.00	1,075,926.00
II. Percepciones extraordinarias:	854,223.00	-	-	826,711.00	853,223.00	853,223.00	810,595.00	688,755.00	-	765,806.00
a) Potenciación del seguro de vida institucional y pago extraordinario por riesgo 1/	854,223.00	-	-	826,711.00	853,233.00	853,233.00	810,595.00	688,755.00	-	765,806.00

Fuente: Presupuesto de Egresos de la Federación para el Ejercicio Fiscal 2017.

* Cálculo obtenido conforme a lo dispuesto en la Ley del Impuesto sobre la Renta.

1 / Corresponde a la potenciación del seguro de vida institucional y al pago extraordinario por riesgo, el cual equivale al 30% de la percepción ordinaria mensual, por concepto de sueldos y salarios, en los términos del artículo 19, fracción II, inciso b), de este Decreto.

Pero además de las percepciones salariales propiamente dichas, la élite burocrática del país goza de servicios médicos privados y algunos de sus integrantes se pagan hasta cirugías plásticas a costillas del erario; tienen fondos especiales de retiro así como créditos baratos para adquirir casas y automóviles. Paradójicamente, se han pretendido justificar los elevados sueldos y otras prácticas inmorales de los altos funcionarios públicos con el pretexto de que el retribuirlos con semejante exceso los convertirá en incorruptibles y eficientes, cuando en realidad ocurre exactamente lo opuesto. En un país donde la inmensa mayoría de la población sobrevive en la pobreza, el que alguien acepte ganar en el servicio público esas cantidades de dinero y contar con otros privilegios es una inobjetable muestra de deshonestidad.

El mito de que los directivos del sector privado ganan más que los funcionarios públicos es absolutamente falso. Los gerentes de Sanborns, Coca Cola, Bimbo, así como los de bancos y centros comerciales reciben menos de la mitad de lo que gana un secretario del gabinete y tres veces menos de lo que obtienen los ministros de la Suprema Corte. En 2010, la remuneración media mensual en el sector público fue de 23,456 pesos; mientras que el salario medio en asegurados del Instituto Mexicano del Seguro Social (IMSS), fue apenas de 6,888 pesos mensuales. Ese mismo año, la Cámara Americana de Comercio aplicó una encuesta en las empresas privadas y descubrió que el ingreso mensual de un director general era de 89,808 pesos, en tanto que en el gobierno federal un funcionario de ese mismo nivel percibía 143,297 pesos.

Así pues, con el solo hecho de reducir a la mitad los sueldos de los servidores públicos de cúpula se obtendría un ahorro de alrededor de 70,360 millones de pesos. Pero esta medida no será suficiente si no se termina con la discrecionalidad y opacidad que existe en la contratación de trabajadores eventuales y por honorarios, toda vez que la Federación no informa de todas esas plazas ni a cuánto asciende la totalidad de sus remuneraciones. En 2015 la partida número 12101 ("Honorarios asimilables a salarios") tenía un presupuesto autorizado de 6,830 millones de pesos, pero se ejercieron 9,127 millones; asimismo, la partida 12201 denominada "Sueldos base al personal eventual", alcanzaba los 12,806 millones, y en ese mismo año, la oficina de la Presidencia de la República tenía 18.3 millones autorizados, pero ejerció 398 millones. Según nuestro cálculo, con un buen manejo de la nómina de honorarios y eventuales pueden ahorrarse 7,619 millones de pesos.

Del capítulo 1000 del presupuesto se propone eliminar la partida 14404 llamada "Seguro de separación individualizada". Se trata de una caja de ahorro especial, mediante la cual el funcionario deposita una cantidad cada mes, vamos a decir 10,000 pesos, por ejemplo, y el gobierno le aporta un monto similar. Así, cuando el funcionario se retira o cambia de empleo, se lleva lo acumulado.

En 2017 este mecanismo abusivo y oneroso le costó al erario 8,970 millones. Por las mismas razones se propone eliminar el seguro de gastos médicos mayores que se asigna a los funcionarios de mando medio y superior (partida 14403), y que en 2017 representa un monto de 4,322 millones de pesos.

La propuesta incluye un nuevo diseño y funcionamiento de gobierno con prioridad en los proyectos estratégicos para el desarrollo. Se evitarán la duplicidad de funciones, la dispersión y los programas solo de carácter testimonial y de poco impacto en la economía y el bienestar del pueblo. En otras palabras, desaparecerán cargos y áreas administrativas no fundamentales. De entrada, vamos a instruir a quienes corresponda para que las 19 secretarías de Estado operen únicamente con el 30 por ciento de los funcionarios de confianza del más alto nivel de los que tienen asignados actualmente. Es decir, la nómina de 2017, que incluye a subsecretarios, oficiales mayores, titulares de unidad, coordinadores generales, delegados, directores generales, directores y asesores, que actualmente es de 6,244 funcionarios, se reducirá a 1,827 plazas. Es oportuno recordar que en todo el sector público hubo, de 2012 a 2017, un incremento de 27,885 plazas de altos cargos que tienen asignada, cada una, remuneración ordinaria anual de más de un millón de pesos. El plan de austeridad incluye la cancelación de los cargos de secretarios privados o equivalentes; también se eliminarán las plazas de confianza de director general adjunto; solo dispondrán de escoltas los servidores públicos encargados de la seguridad y de la procuración de justicia. El Estado Mayor Presidencial se incorporará por completo a la Secretaría de la Defensa Nacional. La reestructuración propuesta nos permitirá ahorrar 13,878 millones adicionales.

La otra gran oportunidad de liberar fondos para el desarrollo consiste en obtener ahorros en todas las compras de bienes y servicios que realiza el gobierno. En febrero de 2012, la Organización para la Cooperación y el Desarrollo Económico (OCDE), aseguró que si el gobierno de México mejorara sus procesos de compra podría ahorrar 120,000 millones de pesos. Casi al mismo tiempo, en el Foro por el Día de la Competencia, celebrado en marzo de 2012, Elizabeth Yáñez Robles, subsecretaria de la Función Pública del gobierno federal, estimó que la corrupción y el cohecho en las licitaciones públicas eran hasta de 100,000 millones de pesos, o de entre 7 y 10 por ciento de todas las compras del gobierno. Como es público y notorio, la práctica común de la "comisión" del 10 por ciento y el soborno a intermediarios y funcionarios corruptos actualmente llega a ser el doble.

Es inocultable el enriquecimiento desmedido de funcionarios federales, de muchos gobernadores y sus funcionarios, así como de presidentes municipales que agregan a la inmoralidad el agravante de la prepotencia y la fanfarronería. En nuestro país se habla mucho, como una forma de desahogo, sobre "las mordidas" de los agentes de tránsito, la participación de policías en grupos delincuenciales, los sobornos en las ventanillas, el uso indebido de espacios públicos por el comercio informal o la renta de lugares para estacionamiento por parte de los llamados "viene, viene" y otros casos que molestan mucho a los ciudadanos. Pero la corrupción mayor, como lo venimos señalando, es la registrada en las cúpulas del poder político y económico. Además del gran saqueo de los de arriba, el modelo neoliberal da cobijo, o cuando menos coartada, a un conjunto de prácticas de corrupción que, con menos reflectores pero con un fuerte impacto en la economía y en la eficacia de la función pública, se presentan en los procesos de adquisición de bienes, arrendamientos y prestación de servicios, así como en la ejecución de obra pública; proyectos de prestación de servicios; asociaciones público-privadas; Pidiregas; la entrega de subvenciones y subsidios a empresas privadas nacionales y extranjeras; los recursos etiquetados, aprobados por la Cámara de Diputados para las entidades federativas y municipios; la participación en fideicomisos, y un largo etcétera.

Entre las prácticas que se han observado en las adquisiciones, arrendamientos y obras públicas, se ha comprobado muchas veces el pago ilegal de comisiones para los altos funcionarios que tienen como parte de sus atribuciones realizar los procesos licitatorios y evaluar las propuestas técnicas y económicas para determinar al ganador de los concursos que se convocan para asignar contratos. Como ejemplo de lo anterior, durante el proceso de formalización legal de los contratos es común que se cobre entre 10 y 20 por ciento como costo por la asignación.

Adicionalmente al pago extraoficial antes mencionado, que se establece con funcionarios de nivel medio o superior, o de plano con altos funcionarios, existen "otros apoyos" que las empresas tienen que pagar y que llegan a significar otro 5 por ciento del importe contratado, tales como el que se destina a quien revisa y autoriza la estimación, al residente que avala la volumetría de obra, al que recepciona los bienes y al que realiza el pago. Es decir, se reparten recursos a toda la estructura piramidal que da seguimiento a la ejecución de las obras y adquisiciones, afectando a las empresas contratistas hasta en 25 por ciento de sus recursos, lo cual invariablemente también afecta los alcances y la calidad de los trabajos realizados y la productividad y la competitividad generales de la economía nacional.

En las áreas de gobierno que reciben los bienes solicitados muchas veces se propone a los proveedores que entreguen menos de la totalidad de los productos adquiridos, y los funcionarios encargados de la recepción, a cambio de un beneficio monetario, los reciben como si estuvieran completos. Así ocurre en el caso de los medicamentos. El área que los recibe informa en falso que le entregaron la totalidad del pedido, sin que así haya sido físicamente. A eso se agrega que, al no haber un adecuado control de inventarios, los encargados de entregar los medicamentos a los usuarios también extraen ilícitamente cantidades de estos. Así garantizan su venta y sus correspondientes ingresos ilegales, al comercializar los productos en el mercado negro para obtener importantes ganancias, aunque atenten contra la salud de la población debido a la escasez de medicinas. Otro esquema que se utiliza para cometer ilícitos se observa cuando algunas áreas solicitan el mantenimiento de tal o cual equipo, aunque no requiera ese servicio. Las áreas de adquisiciones u obras lo concursan, asignan al ganador, quien lo "repara" y lo regresa a la institución para cobrar por un servicio que no realizó. Tal es el nivel de colusión entre funcionarios y empresas contratistas.

Como se puede concluir, en el conjunto de actividades gubernamentales relacionadas con la contratación de servicios, equipos o suministro de bienes y obras a particulares, se llevan a cabo trampas orientadas a que algunos funcionarios o empleados públicos obtengan beneficios indebidos. Son medidas fraudulentas relativamente comunes, pero no difíciles de erradicar. Estos comportamientos corruptos, aparentemente estructurales, se van a eliminar con relativa facilidad porque, entre otras cosas, el presidente de la República no será parte de esos arreglos y, por el contrario, se convertirá en el principal guardián del presupuesto y en promotor decidido de la nueva cultura de honestidad dentro del gobierno y en la sociedad.

Según nuestras estimaciones, con la supresión del robo, los sobornos, los sobreprecios y la mala calidad de obras, servicios y productos, así como con el combate a las ineficiencias, podremos eliminar un desperdicio de recursos del orden de 120,000 millones de pesos. Tenemos la experiencia para operar con legalidad, eficacia y honestidad. En 2002 el Gobierno del Distrito Federal llevó a cabo la compra de 45 trenes con 405 vagones para el metro, con una inversión total de 7,504 millones de pesos. La decisión se tomó porque desde 1992 no se adquirían trenes de rodadura neumática y existía la necesidad de aumentar la frecuencia en toda la red por donde se transportan 4'500,000 personas diariamente. En ese entonces existían 302 trenes para el funcionamiento del metro (269 de rodadura neumática y 33 de rodadura férrea). Y en el año 2000, con el mismo equipo, se puso en funcionamiento la Línea B, lo cual disminuyó la frecuencia de viajes a las estaciones. Por eso se decidió incrementar en 17 por ciento el número de trenes propiedad de ese sistema de transporte público. Esta adquisición, la más cuantiosa del gobierno, se llevó a cabo con absoluta transparencia, evitando vergonzosos sucesos del pasado. Para ello se invitó a participar como observadores en todo el proceso a ciudadanos de inobjetable honestidad: Froylán López Narváez, Elena Gallegos, Katia D'Artigues, Rogelio Ramírez de la O, Horacio Labastida, Luis Alejandro Ferrer Argote, Juan Manuel Arriaga y Baltasar Mena Iniesta. Debido a este procedimiento no hubo entre los concursantes ninguna impugnación. El contrato se otorgó a la empresa Bombardier, la cual se comprometió a construir los trenes en su planta de Ciudad Sahagún, Hidalgo, para la creación de empleos en el país. El ahorro, con respecto a las adquisiciones anteriores fue de más de 50 por ciento.

Es fundamental que exista acompañamiento y fiscalización ciudadana en las adquisiciones y contratos de obras y de servicios públicos. En el caso concreto de las compras del gobierno, además de licitaciones abiertas y la vigilancia de la ciudadanía, se propone compactar los procesos de adquisición de bienes y servicios. Téngase en cuenta que, a pesar de contar con un marco normativo para realizar compras consolidadas, aún se tiene un gran número de unidades compradoras que no utilizan este mecanismo, lo que se traduce en una desagregación significativa para las compras de bienes similares. Así, al menos 20 por ciento de las compras que realiza cada una de las agencias federales son de bienes y servicios de uso generalizado, que van desde medicamentos, combustibles, papelería, artículos de oficinas, consumibles y equipos informáticos, herramientas menores, prendas de protección, llantas, uniformes, vestuario, fotocopiado, vales de fin de año, entre otros.

Se ahorrará también dejando de comprar naves, aviones y helicópteros. Se venderán los aviones presidenciales y toda la flotilla de aviones y helicópteros del gobierno al servicio de los altos funcionarios públicos; solo se conservarán los dedicados a la atención médica, la seguridad y la protección civil. El presidente de la República viajará por tierra y en vuelos de líneas comerciales.

Durante el gobierno de Calderón y en lo que va del de Peña Nieto, se han adquirido aviones, helicópteros y naves para el Ejército, la Marina y la Procuraduría General de la República por alrededor de 85,000 millones de pesos. Han sido tan sonados los casos de estas adquisiciones, que el gobierno de Francia, con el interés de vender una flotilla de helicópteros para las Fuerzas Armadas de México invitó a Peña Nieto y al secretario de la Defensa al desfile militar con motivo del aniversario de la toma de la Bastilla. Añado que este gobierno, además del avión presidencial de 7,500 millones de pesos, compró aeronaves de lujo para uso exclusivo del secretario de la Defensa y del exprocurador Murillo Karam, con valor de 1,500 millones de pesos cada una.

FLOTILLA DE AVIONES ADQUIRIDAS POR PEÑA Y CALDERÓN
(Millones de pesos)

Ramo	Clave de cartera	Proyecto	Costo total	Pagado en años anteriores	Aprobado 2016	Modificado septiembre 2016	Aprobado 2017
		TOTAL	**84,926**	**29,656**	**6,269**	**6,662**	**4,231**
Defensa Nacional	14071320005	Adquisición de aviones para operaciones tácticas	9,453	9,225	2,203	2,581	6
Defensa Nacional	10071320003	Adquisición de 6 helicópteros ec-725 para operaciones de alto impacto, a través de arrendamiento financiero	8,704	2,444	360	362	360
Defensa Nacional	12071320003	Adquisición de una aeronave de transporte estratégico para uso presidencial y del estado mayor	7,215	1,357	451	456	451
Defensa Nacional	09071320003	Adquisición de aviones c-295 configurados para transporte militar	7,157	2,540	300	301	300
Defensa Nacional	14071320009	Adquisición de 3 aviones para operaciones aéreas de los escuadrones aéreos 201, 203 y 204	6,935	983	427	436	427
Marina	14132160011	Adquisición de aeronaves para operaciones sustantivas	5,824	205	120	120	285
Defensa Nacional	15071320001	Adquisición de aviones para fortalecer la capacidad de transporte aéreo del escuadrón aéreo 502	4,465	294	263	240	282

(Cont.)

[155]

Marina	13132160016	Adquisición de aeronaves versión búsqueda y rescate	3,233	2,470	591	625	495
Defensa Nacional	14071320014	Adquisición de aviones de ala fija para sustituir a los que tienen una antigüedad mayor a 30 años	3,152	457	191	194	191
Marina	10132160002	Adquisición de helicópteros versión transporte de personal y carga	3,131	1,167	174	174	174
Defensa Nacional	14071320011	Adquisición de aviones de entrenamiento para la escuela militar de aviación	2,815	411	173	174	173
Marina	14132160037	Adquisición de activos para operaciones de vigilancia	2,377	231	149	149	149
Marina	10132160001	Adquisición de aviones versión transporte militar y carga	2,244	943	120	120	120
Defensa Nacional	11071320002	Adquisición de 10 aeronaves de entrenamiento de la escuela militar	2,270	877	-	-	-
Defensa Nacional	14071320002	Adquisición de aviones para operaciones aéreas del Escuadrón Aéreo 402 de la Fuerza Aérea Mexicana	2,099	1,755	-	-	-
Marina	14132160016	Adquisición de activos para actividades sustantivas	2,013	100	65	65	134
Marina	12132160002	Adquisición de aviones versión transporte militar y carga	1,926	190	122	122	122

(Cont.)

Defensa Nacional	14071320010	Adquisición de avión para actividades de transporte para el E.A. 301	1,814	194	116	112	116
Defensa Nacional	14071320013	Adquisición de 14 helicópteros para modernizar y reforzar la flota del ESCA 111	1,799	265	109	111	109
Defensa Nacional	15071320018	Adquisición de un avión para reforzar la capacidad de transporte de personal	1,361	1,265	-	0	-
Marina	11132160004	Adquisición de helicópteros versión transporte de personal y carga	1,088	874	178	178	181
Marina	13132160015	Adquisición de aeronaves versión Adiestramiento. Adquisición de aviones para adiestramiento de cursantes pilotos de ala fija en la Escuela de Aviación Naval	915	296	-	-	-
Marina	13132160014	Adquisición de aviones de vigilancia marítima y reconocimiento	1,062	661	-	-	-
Marina	14132160036	Adquisición de activos para actividades de apoyo logístico	807	113	49	49	49
Marina	14132160017	Adquisición de una aeronave para operaciones de transporte	682	95	41	41	41
Procuraduría General de la República	13178150002	Adquisición de activos para actividades sustantivas de la Procuraduría General de la República	386	244	67	53	67

Fuente: Presupuesto de Egresos de la Federación para el Ejercicio Fiscal 2016-2017, Tomo VIII "Programas y Proyectos de Inversión" e Informes sobre la Situación Económica, las Finanzas y la Deuda Pública Trimestrales "Avance Físico y Financiero de los Programas y Proyectos de Inversión".

Por lo demás, se eliminarán erogaciones superfluas y habrá ajustes en gastos de operación y publicidad (rentas, oficinas, remodelaciones, difusión, viajes, sistemas de comunicación y cómputo). Se limitarán los viajes oficiales al extranjero, así como las comitivas, pasajes y viáticos. Se ahorrará en las partidas de "Gasto de seguridad pública y nacional" (33701) y "Otras asesorías para la operación de programas" (33104). En estos casos, hay un comportamiento totalmente irregular, pues, por ejemplo, la partida de seguridad pública la ejerce casi por completo la Secretaría de Gobernación y la información al respecto está reservada. Sin embargo, puede demostrarse que en 2015 se autorizó un presupuesto de 185 millones pero, según las cifras consignadas en la cuenta pública, el gasto real fue de 7,185 millones de pesos. Abundan los ejemplos de irregularidades como esta a lo largo del sexenio en curso.

PARTIDA 33701 "GASTOS DE SEGURIDAD PÚBLICA Y NACIONAL" 2014-2017
(Millones de pesos)

Ramo	Descripción de ramo	Aprobado 2014 (1)	Ejercicio 2014 (2)	Aprobado 2015 (3)	Ejercicio 2015 (4)	Aprobado 2016 (5)	Modificado junio 2016 (6)	Aprobado 2017 (7)
	Total	723	9,534	561	8,546	407	6,196	389
4	Gobernación	172	7,471	185	7,185	4	5,399	4
13	Marina	37	414	37	727	42	363	42
17	Procuraduría General de la República	486	1,616	311	572	333	390	318
7	Defensa Nacional	22	22	22	23	23	23	23
2	Oficina de la Presidencia de la República	-	11	-	20	-	6	-
6	Hacienda y Crédito Público	5	0	5	19	4	14	1
27	Función Pública	1	0	1	1	1	1	1

Fuente: Cuentas de la Hacienda Pública Federal 2014-2015 y Presupuesto de Egresos de la Federación para el Ejercicio Fiscal 2016-2017. El Modificado a junio corresponde al Analítico de claves a nivel de partida proporcionado por la Secretaría de Hacienda y Crédito Público a la Cámara de Diputados.

En cuanto a la partida de "Otras asesorías para la operación de programas", destaca el hecho de que más de la mitad del presupuesto ejercido en 2015 lo consumen Pemex y la Comisión Federal de Electricidad.

PARTIDA 33104 "OTRAS ASESORÍAS PARA LA OPERACIÓN DE PROGRAMAS" 2014-2017
(Millones de pesos)

Ramo	Descripción del ramo	Aprobado 2014 (1)	Ejercicio 2014 (2)	Aprobado 2015 (3)	Ejercicio 2015 (4)	Aprobado 2016 (5)	Modif. junio 2016 (6)	Aprobado 2017 (7)
	Total	4,735.1	6,236.1	5,882.3	8,375.4	5,729.0	6,666.8	4,205.9
52	Petróleos Mexicanos	1,407.3	2,437.1	2,576.4	3,435.5	2,533.6	1,771.0	1,387.7
53	Comisión Federal de Electricidad	640.5	840.0	869.0	1,085.1	1,347.3	1,271.8	1,347.3
15	Desarrollo Agrario, Territorial y Urbano	25.0	328.7	47.0	392.4	30.5	121.6	21.0
16	Medio Ambiente y Recursos Naturales	371.3	346.1	315.5	366.5	108.4	362.1	98.2
8	Agricultura, Ganadería, Desarrollo Rural, Pesca y Alimentación	43.5	301.4	31.8	363.5	23.2	147.5	22.9
9	Comunicaciones y Transportes	236.8	222.9	245.9	328.4	195.7	429.9	135.0

(Cont.)

51	Instituto de Seguridad y Servicios Sociales de los Trabajadores del Estado	149.3	79.8	159.0	279.3	85.9	324.2	57.8
11	Educación Pública	683.7	342.7	313.4	239.9	213.5	314.7	84.9
27	Función Pública	7.7	160.2	4.3	232.1	0.7	147.0	0.5
6	Hacienda y Crédito Público	157.8	144.5	131.5	215.6	27.3	141.1	71.1
50	Instituto Mexicano del Seguro Social	111.6	114.1	252.1	192.3	296.9	329.3	306.8
5	Relaciones Exteriores	54.5	76.0	58.5	171.6	38.1	246.4	18.0
20	Desarrollo Social	39.7	53.5	38.4	127.6	27.2	85.4	15.4
	Otros	806.5	788.9	839.7	945.7	800.8	974.7	639.1

Fuente: Cuentas de la Hacienda Pública Federal 2014-2015 y Presupuesto de Egresos de la Federación para el Ejercicio Fiscal 2016-2017. El Modificado a Junio corresponde al Analítico de Claves a nivel de partida proporcionado por la Secretaría de Hacienda y Crédito Público a la Cámara de Diputados.

No sobra decir que la tecnocracia neoliberal o neoporfirista ha llevado a cabo ajustes en la plantilla de personal, pero siempre afectando a sindicalizados. Ha habido incluso campañas de despidos masivos de trabajadores de base y programas de "retiro voluntario". En forma paralela, en todo este tiempo ha crecido como nunca la contratación de empleados de confianza, al grado de que las partidas de sueldos y otras prestaciones para cubrir la nómina de la mayoría de los trabajadores son proporcionalmente menores que el monto destinado a pagar a los empleados públicos de la élite. En 2016, el costo de la nómina de percepciones ordinarias de Pemex llegó a 71,432 millones de pesos, de los cuales 37 por ciento comprendió a los 22,104 de confianza y el 63 por ciento restante, a los 103,494 trabajadores sindicalizados. Con la aclaración pertinente de que Carlos Romero Deschamps aparece como sindicalizado, pero en los hechos cobra tanto como el director general de Pemex.

Es muy interesante analizar los pormenores de las pensiones que reciben los expresidentes y sus familias. Obviamente, con el propósito de eliminarlas. En este caso no solo se trata de cuánto se ahorrará, sino de consumar la abolición de una canonjía que ofende a la mayoría de los mexicanos. El antecedente de este privilegio se remonta al Acuerdo 7637, emitido por el presidente

Luis Echeverría,[24] según el cual los expresidentes requerían personal de las fuerzas armadas. Desde entonces, sin razones o motivos de fondo, se decidió asignarles el siguiente personal:

ACUERDO 7637 del 25/Nov/1976
Costo estimado en 2017 del personal a cargo de los expresidentes
(Pesos)

	Del Ejército	e)	
1	General (de División)	3,914,010.00	3,914,010.00
4	Jefes (Teniente Coronel)	1,031,478.00	4,125,912.00
8	Oficiales (Teniente)	541,659.00	4,333,272.00
32	Tropa (Cabo)	289,054.00	9,249,728.00
	De la Armada	e)	
2	Jefes (Capitán de Fragata)	1,406,573.00	2,813,146.00
4	Oficiales (Teniente de	606,089.00	2,424,356.00
16	Tropa (Cabo)	327,263.00	5,236,208.00
	De la Fuerza Aérea	e)	
1	Jefes (Teniente Coronel)	1,031,478.00	1,031,478.00
2	Oficiales (Teniente)	541,659.00	1,083,318.00
8	Tropa (Cabo)	327,263.00	2,618,104.00
78	Total estimado		36,829,532.00

e) Estimada.
Fuente: Presupuesto de Egresos de la Federación para el Ejercicio Fiscal 2017, Tomo IX "Analítico de Plazas y Remuneraciones". Al costo de las percepciones ordinarias se le agregó el 30 por ciento del riesgo.

Posteriormente, el presidente Miguel de la Madrid emitió el Acuerdo 2763-Bis, para agregar a las 78 plazas del personal militar otras 25 de personal civil y una pensión vitalicia equivalente a las remuneraciones de un secretario de Estado, que se incrementa en la misma temporalidad y proporción, además de los beneficios de seguro de vida y gastos médicos mayores.

ACUERDO 2763-BIS del 31/Mar/1987
Costo estimado en 2017 del personal civil a cargo
de los expresidentes
(Pesos)

Cantidad	Personal	Unitario	Total
1	Secretario de Estado	3,377,472.00	3,377,472.00
1	Seguro de Vida (e)	30,000.00	30,000.00
1	Seguro de Gasto Médicos Mayores (e)	25,000.00	25,000.00
	Pensión nivelada a secretario de Estado		3,432,472.00
78	Total estimado		36,829,532.00
	Personal civil (excluye remuneraciones extraordinarias)	e)	
1	Director General	3,185,215.00	3,185,215.00
2	Directores de Área	1,602,965.00	3,205,930.00
4	Subdirectores	830,383.00	3,321,532.00
4	Jefes de Departamento	507,146.00	2,028,584.00
1	Secretaría de Director General (e)	622,223.00	622,223.00
1	Secretaría de Director Área (e)	438,048.00	438,048.00
2	Secretaría de Subdirector (e)	347,614.00	695,228.00
3	Técnicos especializados (e)	228,190.00	684,570.00
3	Choferes (e)	228,190.00	684,570.00
4	Auxiliares Administrativos (e)	161,078.00	644,312.00
4	Auxiliares Administrativos (e)	148,500.00	594,000.00
25			15,510,212.00
	Total estimado anual x expresidente	e)	55,772,216.00

e) Estimado
Fuente: Presupuesto de Egresos de la Federación para el Ejercicio Fiscal 2017, Tomo IX "Analítico de Plazas y Remuneraciones".

De igual forma, en el acuerdo de Miguel de la Madrid se considera una pensión para las viudas de los expresidentes equivalente al 80 por ciento del sueldo de un secretario de Estado durante el primer año a partir de la muerte del cónyuge, que se irá reduciendo en 10 por ciento anual durante los siguientes años hasta llegar al 50 por ciento. Las viudas, por esta disposición, también gozarán de seguros de vida y gastos médicos mayores por un monto equivalente a 60 por ciento, en términos netos de la suma asegurada que correspondería al titular de estas prestaciones.

Los hijos de los expresidentes también disfrutarán de un seguro de gastos médicos mayores hasta que cumplan la mayoría de edad.

Sumando todas las canonjías de los ex presidentes y sus viudas se llega a un monto estimado de 244 millones de pesos, como se aprecia a continuación:

COSTO BRUTO ESTIMADO TOTAL DE LOS ACUERDOS
(Pesos)

	Costo estimado total por expresidentes	**e)**	**228,119,331.00**
1	Felipe Calderón		54,262,111.00
1	Vicente Fox		48,942,394.00
1	Ernesto Zedillo (solo renunció a la pensión)		37,847,184.00
1	Carlos Salinas (solo renunció a la pensión)		42,881,810.00
1	Luis Echeverría		44,185,832.00
	Costo estimado de dos viudas de expresidentes	**e)**	**3,715,219.00**
	60% de Secretario de Estado de doña Paloma Delia Margarita Cordero Tapia		2,026,483.00
	50% de Secretario de Estado de doña Alexandra Acimovic Popovic (Sasha Montenegro)		1,688,736.00
	GRAN TOTAL		**231,834,550.00**

Fuente: Instituto Nacional de Transparencia, Acceso a la Información y Protección de Datos Personales (INAI), Folio 0210000089216; Presupuesto de Egresos de la Federación para el Ejercicio Fiscal 2016, Tomo IX Analítico de Plazas y Remuneraciones. El resultado 2016 se actualizó con la inflación esperada de 1.0331, para llegar a cifras de 2017.

En el libro *Los parásitos del poder* se señala que "adicionalmente los expresidentes gozan de otro tipo de beneficios, como el pago mensual de los servicios telefónicos nacionales, de telefonía móvil y larga distancia; derecho a un automóvil para él, otro para su esposa, uno para sus hijos y tres automóviles para sus escoltas, pago de tenencia, verificación y gastos de mantenimiento de los automóviles. También se les cubren los servicios públicos domiciliarios para sus residencias, además del predial y servicios de jardinería, luz y limpieza, sin olvidar los bonos [...]",[25] los cuales no se han cuantificado.

En el caso de Luis Echeverría, el acuerdo no fue firmado por él sino por los secretarios de Marina y Defensa, y en el de Miguel de Madrid por el de Programación y Presupuesto. El pretendido sustento legal de tales acuerdos a la fracción I del artículo 89 constitucional [...], la cual no faculta al presidente de la República para que pueda conferir estos beneficios a los expresidentes. Se violó así el principio de legalidad que establece que la autoridad solamente puede hacer lo que expresamente le confiere la ley. Por otra parte, es curioso que ninguno de estos acuerdos fueron publicados en el *Diario Oficial de la Federación*, por lo que nunca surtieron efectos legales ni fue obligatoria su observancia.

No hay razones ni argumentos jurídicos para mantener la vigencia de los acuerdos porque carecen de cualquier sustento constitucional. Por consiguiente, se deben suprimir los privilegios otorgados con base en tales disposiciones.

En el decreto de Presupuesto de Egresos de la Federación correspondiente al ejercicio 2017, artículo 19, fracción IV, párrafo 4 se establece que "el Ramo Administrativo 02 Oficina de la Presidencia de la República, a que se refiere el Anexo 1, inciso B, de este Decreto, incluye los recursos para cubrir las compensaciones de quienes han desempeñado el cargo de Titular del Ejecutivo Federal o, a falta de este, a quien en términos de las disposiciones aplicables sea su beneficiario, las que no podrán exceder el monto que se cubre al primer nivel salarial del puesto de Secretario de Estado, así como aquellas correspondientes al personal de apoyo que tengan asignado, de conformidad con las disposiciones aplicables y con sujeción a los términos de este artículo. Asimismo, incluye los recursos que se asignan a la compensación que se otorga al personal militar del Estado Mayor Presidencial. Las remuneraciones del personal civil de apoyo deberán reportarse en los Informes Trimestrales y serán públicas en los términos de la legislación en materia de transparencia y acceso a la información pública gubernamental". Pero aunque haya sido aprobado por la Cámara de Diputados, se considera que el pago de esas prerrogativas a los exmandatarios no tiene, hay que repetirlo, ninguna *base constitucional*.

A continuación se presenta el cuadro que cuantifica los montos que se pagarán en 2017 tanto a los expresidentes como a sus viudas, conforme a los acuerdos mencionados de Luis Echeverría y Miguel de la Madrid. Es pertinente decir que los expresidentes Carlos Salinas y Ernesto Zedillo supuestamente renunciaron a su pensión, pero no al resto de los beneficios que obviamente representan una suma mayor.

**COSTO ANUAL BRUTO ESTIMADO DE LOS EXPRESIDENTES CONFORME
A LOS ACUERDOS EMITIDOS Y LA CONSULTA AL INAI**
(Pesos)

Expresidente	Sueldo anual	Personal civil	Personal militar	Total
Viuda de José López Portillo	1,688,736.0	-	-	1,688,736.00
Viuda de Miguel de la Madrid	2,026,483.0	-	-	2,026,483.00
Luis Echeverría	3,432,472.0	3,923,828.00	36,829,532.00	44,185,832.00
Carlos Salinas	55,000.0	5,997,278.00	36,829,532.00	42,881,810.00
Ernesto Zedillo	55,000.0	962,652.00	36,829,532.00	37,847,184.00
Vicente Fox	3,432,472.0	8,680,390.00	36,829,532.00	48,942,394.00
Felipe Calderón	3,432,472.0	14,000,107.00	36,829,532.00	54,262,111.00
Total	14,122,635.00	33,564,255.00	184,147,660.00	231,834,550.00

FUENTE: Instituto Nacional de Transparencia, Acceso a la Información y Protección de Datos Personales (INAI), Folio 0210000089216; Presupuesto de Egresos de la Federación para el Ejercicio Fiscal 2016, Tomo IX Analítico de Plazas y Remuneraciones. El resultado 2016 se actualizó con la inflación esperada de 1.0331, para llegar a cifras de 2017.

Aquí es importante añadir que según el periodista Álvaro Delgado, de la revista *Proceso*, el 30 de noviembre de 2012, último día de su gobierno, Felipe Calderón reformó el reglamento del Estado Mayor Presidencial para mantener él y su familia el mismo número de elementos de ese cuerpo militar que tuvo a su servicio, e inclusive disponer de más personal si lo requiriera. Textualmente, se estableció: "Los expresidentes de la República mantendrán el mismo número de elementos del Estado Mayor Presidencial que tuvieran asignados para su seguridad y la de su familia con antelación a la entrada en vigor del presente decreto. Lo anterior sin perjuicio de solicitar la autorización a que se refiere la fracción IX del artículo 11 del Reglamento". Esta última fracción dispone que el expresidente y su familia pueden requerir todavía más militares para su protección. En lo que fue la última decisión que tomó antes de entregar el poder a Enrique Peña Nieto, Calderón también modificó el reglamento del Estado Mayor Presidencial para garantizarse atención médica gratuita para él y los miembros de su familia en el Centro Hospitalario de ese cuerpo militar.

Y todavía más: la reforma de Calderón obligó al Estado Mayor Presidencial a "planear, organizar, proporcionar y controlar los servicios para garantizar la seguridad inmediata de los expresidentes de la República y su familia, realizando los análisis de riesgo correspondientes con el fin de proponer la asignación de efectivos y demás medios de seguridad para cada caso en particular".[26]

En el artículo anteriormente señalado, se refiere que "Calderón tenía ya 425 elementos a su cargo. Esto quiere decir que con la entrada en vigor del citado decreto ha podido seguir contando con ese personal [...]". Esto es, que de 103 personas que se preveían en los acuerdos, el número aumentó a 425, mismas que no fueron cuantificadas por carecer de datos. Bajo ese escenario, y considerando no solo las canonjías explícitamente otorgadas a los expresidentes, sino también las contempladas en el Reglamento del Estado Mayor Presidencial, estimamos que en 2017 el gasto asociado a esta prestación irregular ascendería a 500 millones, considerando únicamente las 425 personas adicionales que ocupa Calderón para su seguridad y la de su "familia".

Termino este claro ejemplo de prepotencia con un comparativo de lo que cuesta al erario el más reciente expresidente de México, respecto a lo que reciben otros exjefes de Estado del mundo.

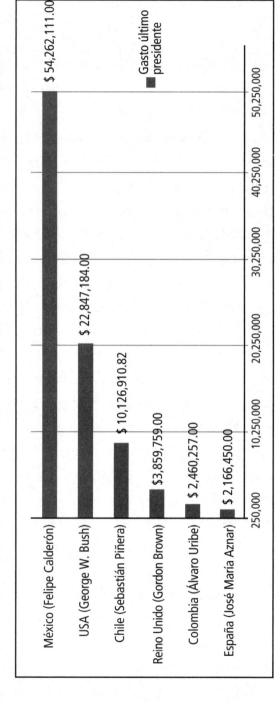

GASTO COMPARATIVO DE LA PENSIÓN QUE HAN RECIBIDO LOS ÚLTIMOS EXPRESIDENTES DE OTROS PAÍSES

México (Felipe Calderón) $ 54,262,111.00
USA (George W. Bush) $ 22,847,184.00
Chile (Sebastián Piñera) $ 10,126,910.82
Reino Unido (Gordon Brown) $3,859,759.00
Colombia (Álvaro Uribe) $ 2,460,257.00
España (José María Aznar) $ 2,166,450.00

Gasto último presidente

250,000 10,250,000 20,250,000 30,250,000 40,250,000 50,250,000

Nota: El costo de la pensión de Felipe Calderón no incluye la cuantificación de las reformas hechas en 2012 ni los beneficios que le cubre la Oficina de la Presidencia de la República. En el caso de España, no se puso al expresidente José Luis Rodríguez Zapatero porque eligió el cargo de Consejero Permanente de Estado, aunque posteriormente puede regresar a cobrar su pensión vitalicia.
FUENTE: https://www.fas.org/sgp/crs/misc/RL34631.pdf
http://www.senado.cl/appsenado/index.php?mo=transparencia&ac=informeTransparencia&tipo=10
http://www.elmundo.es/grafico/internacional/2016/11/10/58108595e5fdeac7558b461d.html
http://elpoliticon.com/cuanto-gana-en-pension-un-ex-presidente-de-colombia/
http://www.lainformacion.com/espana/que-hacen-y-cuanto-ganan-los-ex-presidentes-aznar-gonzalez-y-zapatero_5ezVbbUDWdJ4sCjHVl6xg2/

Por congruencia con todo lo anterior, también se ajustará el gasto de operación que realiza la Comisión Federal de Electricidad, ya que se revisarán con especial cuidado los "subsidios" que reciben las empresas que venden energía a la Comisión Federal de Electricidad. Este es un negocio oscuro, jugosísimo y seguro para las transnacionales y muy costoso para la hacienda pública. Desde que se inició la privatización de la industria eléctrica con la reforma a una ley secundaria en 1992, promovida por Carlos Salinas, las empresas privadas han recibido un subsidio del presupuesto público equivalente a 20,000 millones de pesos anuales. En 2017, de 72,400 millones de pesos que se estima se pagarán a los productores independientes de energía, 47,158 millones se facturarán por concepto de adquisición de energía, que es propiamente lo que producen los privados. Los 25,242 millones de pesos restantes (35 por ciento) les fueron otorgados como pagos de servicios por los llamados "cargos fijos" por la capacidad de generación de energía. Cabe aclarar que en los contratos suscritos por el gobierno con los también denominados productores externos, se establece que la Comisión Federal de Electricidad tiene que entregarles una cuota adicional por operación y mantenimiento. Es decir, otorgarles un subsidio que no existe ni en Estados Unidos, España ni en ningún lugar del mundo donde haya realmente competencia y libertad de mercado.

Lo peor para los consumidores de energía eléctrica en nuestro país es que las tarifas son más altas en México que en Estados Unidos.

Estamos conscientes de que deben respetarse los contratos suscritos por autoridades anteriores, pero la mayoría de los documentos fueron originalmente firmados con vigencia a futuro y, dado que habrá nuevas reglas del juego, su revisión amerita un nuevo entendimiento. Añado una última reflexión: los sobreprecios explican cuál es el fondo y el interés que existe en el desmantelamiento del parque de generación de la Comisión Federal de Electricidad. El truco es desplazar a una empresa pública para que su lugar lo ocupe el sector privado, no por búsqueda de eficiencia o mejores costos sino por corrupción y vil negocio.

En suma, los ahorros en el gasto del gobierno por el Plan de Austeridad se obtendrán de la siguiente manera:

Ahorro total para reasignar	362,000 mdp
Ahorro del gasto no programable • Costo financiero	5,000 mdp
Ahorro en el gasto programable • Capítulo 1000 de servicios personales • Adquisiciones y contratos • Gastos operativos • Transferencias, asignaciones, subsidios y otras ayudas.	357,000 mdp 132,000 mdp 120,000 mdp 27,000 mdp 78,000 mdp

Estoy convencido de que así como la erradicación de las prácticas corruptas significará toda una revolución social pacífica, la austeridad republicana se convertirá en ejemplo de rectitud y moralidad y en la principal fuente para financiar el desarrollo. Para los políticos o funcionarios con mentalidad conservadora o convencional no existen márgenes de reducción del gasto. Según ellos, todo está comprometido y etiquetado; en contraposición, para nosotros la racionalidad del gasto público es un objetivo central. Y claro que hay de dónde echar mano. Pongamos por ejemplo la Estela de Luz, una obra insulsa y frívola del gobierno de Calderón que costó más de 753 millones, es decir, 192 por ciento más de lo planeado y se concluyó 16 meses después de lo pactado.[27] O recordemos que las obras públicas de la administración de Peña, como hemos venido señalando, están infladas a más del doble de su costo real.

Tenemos la firme convicción de que si se acaba con la corrupción y se evita el derroche del presupuesto alcanzaremos la meta de ahorrar lo suficiente para financiar el desarrollo. Esta es nuestra propuesta principal en materia de administración pública. Es posible hacer inversiones sin recurrir al endeudamiento. Y repito enfáticamente: es falso que el presupuesto no alcance o no tenga flexibilidad alguna para reasignar partidas y utilizar este importante instrumento de la política pública como una eficaz palanca para promover la producción, el empleo y el bienestar.

IX. DECISIONES BÁSICAS PARA EL RENACIMIENTO ECONÓMICO Y SOCIAL DE MÉXICO

LIBERAR FONDOS PARA EL DESARROLLO CON UN MANEJO honrado y austero del presupuesto nos permitirá mantener equilibrios macroeconómicos y evitar crisis en el ámbito fiscal o financiero. Nuestra propuesta consiste en aplicar una política de cero endeudamiento y baja inflación, aparejada a una estrategia de crecimiento para promover el empleo y el bienestar. Pero el desarrollo, a diferencia de lo que han venido postulando y haciendo los tecnócratas del neoliberalismo, no solo depende de una adecuada política monetaria de control de la inflación y de disciplina fiscal, sino también de crecimiento económico para mejorar las condiciones de vida y de trabajo.

En esencia, la propuesta es que exista disciplina en el manejo de las variables macroeconómicas y a la vez crecimiento y bienestar. Esto último también lo enfatizo: es importante sacar al país del estancamiento económico, pero el crecimiento debe acompañarse de una distribución equitativa de los beneficios y, agregaría, de un pensamiento generoso, espiritualmente fraterno, humanista. No basta crecer macroeconómicamente: los beneficios del desarrollo tienen que llegar a las mayorías. La divisa es progresar con justicia, porque progreso sin justicia es retroceso. Queremos la modernidad, pero forjada desde abajo con todos y para todos.

En nuestra concepción, el Estado es fundamental para la promoción del desarrollo. A diferencia de quienes fincan todas las expectativas de crecimiento en factores externos y esperan a que el mercado reaccione por sí mismo, consideramos que es fundamental la intervención pública para reactivar la economía y generar empleos, sobre todo después de un largo periodo de recesión, como ha sucedido en México.

Debemos considerar que el gobierno cuenta con instrumentos suficientes para hacer posible la convergencia de los sectores público, privado y social para el desarrollo del país. Esta cooperación estrecha es el principio básico para construir una economía fuerte y una sociedad más justa: todos somos indispensables para hacer realidad el progreso con equidad que se requiere y que propugnamos muchos hombres y mujeres de buena voluntad.

De acuerdo con nuestra experiencia, esto es posible. En la Ciudad de México, la rehabilitación del Corredor

Reforma-Centro Histórico se realizó con la participación de la iniciativa privada, la sociedad civil, el gobierno federal y el de la ciudad. Así se logró remodelar el Paseo de la Reforma, trabajo que no se hacía desde 1968; se le dio vida a la zona de la Alameda, que había quedado en ruinas desde los sismos de 1985 y se recuperaron de manera integral 37 manzanas del Centro Histórico.

En este programa, el gobierno de la ciudad invirtió 675 millones de pesos. Por su parte, la iniciativa privada desarrolló 195 proyectos de construcción y remodelación de inmuebles, con una inversión de 16,000 millones de pesos; o sea, cada peso de inversión pública atrajo 23.3 pesos de inversión privada. Estos resultados se lograron porque se generó confianza, se simplificaron trámites y se otorgaron estímulos fiscales. Es decir, con la suma de voluntades y esfuerzos se mejoró la infraestructura y se dignificó la imagen urbana de la ciudad. Esto es lo que proponemos si ganamos la Presidencia de la República en 2018. Se trata de inducir una mayor asignación de recursos del presupuesto hacia la inversión pública y, por esta vía, la del capital semilla, aumentar la inversión privada y crear empleos.

La convergencia de la inversión pública y privada se llevará a cabo, fundamentalmente, a partir de estrategias de desarrollo regional. Desde hace mucho tiempo están bien estudiadas y definidas las distintas regiones del país. Con un enfoque de desarrollo sustentable es posible elaborar programas integrados para aprovechar sus recursos naturales, la tecnología y la inversión pública y privada, siempre con la participación activa y concertada del sector social y de los agentes económicos de las propias regiones. Por eso, las políticas de fomento (en las áreas agrícola, manufacturera, turística, de infraestructura y otras) deben contemplar el ámbito regional no solo como objetivo, sino considerar a sus pobladores como sujetos activos y participantes en el diseño y la ejecución de los programas que les atañen.

Será prioritario para el nuevo gobierno el desarrollo del sureste, que padece desde hace siglos la paradoja de ser la región con más riquezas naturales (petróleo, gas, agua, biodiversidad, patrimonio cultural, potencial turístico), pero cuya población vive en la pobreza por una inadecuada distribución del ingreso nacional. Es tiempo ya de reivindicar a los estados del sureste con la participación conjunta del sector público, social y privado para llevar a cabo un plan de desarrollo integral que contemplará la explotación racional del gas, del petróleo, la modernización de las hidroeléctricas de los ríos Grijalva y Papaloapan, el manejo del agua, la reforestación, el fortalecimiento del sector agropecuario, la construcción de refinerías, puertos, vías férreas, carreteras y desarrollo social.

En el terreno de lo programático actuaremos con el mayor realismo posible y sin ocurrencias o engaños; habrá claridad de propósitos, estrategias bien definidas, prioridades y metas de corto, mediano y largo plazo.

Un gobierno debe convocar la esperanza pero sin caer en falsas promesas, porque terminará enredado en su propia demagogia. Debemos estimar, con la mayor precisión posible, el costo de los programas de inversión y su viabilidad económica y social. Esta será la brújula del plan de desarrollo que se presentará posteriormente. Agrego que formará parte de la estrategia del gobierno democrático evitar la dispersión para concentrar recursos, tiempo y talento a proyectos de gran impacto colectivo. Es decir, nos ceñiremos al dicho popular: "el que mucho abarca poco aprieta". Pocos proyectos pero mejores. Describamos algunos:

1. El rescate del campo y de su importancia social, ambiental y cultural y la autosuficiencia alimentaria

El proyecto nacional de crecimiento con equidad no sería viable sin rescatar del abandono el campo y a sus pobladores. Promover el desarrollo rural implica mejorar las condiciones de vida de los campesinos y fortalecer las actividades productivas, como parte de la solución de los grandes problemas nacionales.

En México existen 5.8 millones de hogares rurales (INEGI, ENIGH 2002) en 180,000 localidades de 2,500 o menos habitantes (Censo de Población y Vivienda 2010). Los habitantes rurales ascienden a 25 millones y representan 21 por ciento de la población nacional (INEGI 2015). Cinco millones de campesinos y campesinas —ejidatarios, comuneros y pequeños propietarios— son poseedores del 90 por ciento del territorio nacional. Dicho grupo está conformado por 3.8 millones de ejidatarios, 600,000 comuneros y 1.6 millones de propietarios privados. Además, el territorio rural nacional es mucho más que tierras para la producción agropecuaria y forestal: abarca un conjunto diverso e interrelacionado de patrimonios territoriales de importancia estratégica actual y potencial para el país: tierras, aguas, costas, biodiversidad, recursos genéticos, minerales, conocimientos tradicionales, bellezas naturales, activos históricos y culturales. Son recursos en extremo valiosos si pensamos no solo en lo material. En el campo existe una forma de vida sana, llena de valores morales y espirituales. Regresar al campo significa fortalecer una identidad cultural de la más alta calidad humana.

El campo genera, además, grandes beneficios ambientales para la población y la economía: disponibilidad de agua, aire limpio, captación de dióxido de carbono para reducir la concentración de gases de efecto invernadero, regulación climática, preservación de la diversidad biológica, conservación y regeneración de suelos y bosques, entre otros.

Es obvio que primero debe atenderse a la gente, evitar su empobrecimiento, mejorar las condiciones de vida en rancherías, ejidos, comunidades y pueblos y detener la emigración masiva. Desde luego, como acabamos de decir, el medio rural presta importantes servicios ambientales, pero también debe considerarse que la producción del campo es fundamental para el desarrollo nacional.

Un sector agropecuario económicamente fuerte significa muchas ventajas: alimentos y materias primas que satisfagan la demanda interna y contribuyan al equilibrio de la balanza comercial, exportación de cultivos de alta densidad económica y generación de empleos agrícolas para reducir presiones de solicitud de trabajo en el medio urbano y provocar efectos positivos o multiplicadores en otras ramas de la economía.

Esta tarea de reivindicación y de impulso a las actividades productivas del campo requiere, en mi opinión, de un cambio profundo en las políticas implantadas durante varias décadas y, sobre todo, exige abandonar la concepción neoliberal, según la cual el campo no tiene viabilidad económica y sus pobladores deben aceptar, con resignación, las condiciones impuestas por el mercado.

Esa falsa idea partió de una premisa simplista e ineficaz: se suponía que con dejar en libertad a los agentes privados y a las fuerzas espontáneas del mercado bastaría para incrementar las inversiones de capital en el sector agropecuario y elevar la eficiencia y la producción de alimentos y materias primas; todo ello en el marco de una apertura comercial que se realizó a marchas forzadas en los años ochenta del siglo pasado y que fue amarrada en la década siguiente por el Tratado de Libre Comercio de América del Norte (TLCAN) con Estados Unidos y Canadá.

A partir de esta visión neoliberal los tecnócratas redujeron la aplicación de una política de apertura comercial apresurada y sin límites estratégicos que pronto provocó que los productores nacionales quedaran en abierta desventaja para competir con los del extranjero. Esto favoreció principalmente a los productores de Estados Unidos, que pueden vender más barato en el mercado mundial porque poseen mejor tecnología y reciben subsidios, compensaciones y créditos blandos de su gobierno, mientras que en México los productores no gozan de los mismos beneficios y más bien están abandonados a su suerte.

Los efectos de la apertura comercial se agravaron con la estrepitosa disminución de la inversión pública destinada al sector agropecuario. En el trienio 1980-1982 esta fue de 1.48 por ciento del PIB, en tanto que para el trienio 2001-2003 apenas representó 0.68 por ciento; peor aún, en el trienio 2011-2013 se desplomó a 0.08 por ciento.[28]

Además, si se comparan los mismos periodos, el gasto público global en fomento agropecuario, que incluye inversión, apoyos a la comercialización, extensionismo, sanidad vegetal y animal y otros, cayó de 2.93 a 0.58 por ciento del PIB. En el trienio 2011-2013 las partidas correspondientes siguieron descendiendo hasta reducirse al 0.46 por ciento del PIB.

Entre los presupuestos afectados figura el gasto en ciencia y tecnología para el sector agropecuario, forestal y pesquero. Aquí es menester señalar que, aun cuando instituciones internacionales como la Organización para la Cooperación y el Desarrollo Económico (OCDE) recomiendan que el gasto de los países en ciencia y tecnología alcance por lo menos 1 por ciento del PIB (los países desarrollados gastan alrededor de 3 por ciento), México solo destinó a este rubro 0.42 por ciento en 2003, y al sector agropecuario, forestal y pesquero correspondió apenas 0.03 por ciento. Los centros de investigación del sector agropecuario y pesquero están más que abandonados.

En materia de crédito, el destinado a este ámbito presentó también una caída espectacular. Específicamente, la banca nacional de desarrollo disminuyó sus créditos agropecuarios de 18,643 millones de pesos por año durante el trienio 1980-1982, a 3,815 millones de pesos anuales durante el trienio 2001-2003 (a precios de 1994); por su parte, la banca comercial redujo el crédito agropecuario de 15,782 millones de pesos anuales a 7,492 millones anuales en el mismo lapso. En 2014, el crédito agropecuario apenas fue de 58,440 millones de pesos (55,157 millones de la banca comercial y 3,283 millones de pesos de la banca de desarrollo).

Aunque la escasez de crédito durante la época neoliberal ha perjudicado a todos los sectores de la economía del país, el campo ha sido el más afectado. Los créditos de la banca comercial y de desarrollo destinados a la industria y los servicios no financieros pasaron, en los mismo trienios comparados, de 66.1 por ciento del crédito total destinado a empresas y particulares, a 58.8 por ciento. Mientras tanto, los créditos al campo bajaron de 14.7 a 5.4 por ciento.

Los más abandonados, en todos sentidos, han sido los campesinos. La superficie de cultivo habilitada por la banca de desarrollo se redujo de 6'563,000 hectáreas por año en el trienio 1980-1982, a solo 1'424,000 hectáreas por año en el periodo 2001-2003. Para el trienio 2011-2013 la superficie habilitada cayó a 1'270,000 hectáreas por año. De acuerdo con la Encuesta Nacional Agropecuaria 2012 (INEGI) únicamente 7.7 por ciento de las unidades de producción agropecuarias contaban con financiamiento.

La gráfica siguiente muestra con mucha claridad cómo se derrumbó, tan solo en los últimos 20 años del periodo neoliberal, el crédito al sector agropecuario, forestal y pesquero, tanto de la banca comercial como la de desarrollo.

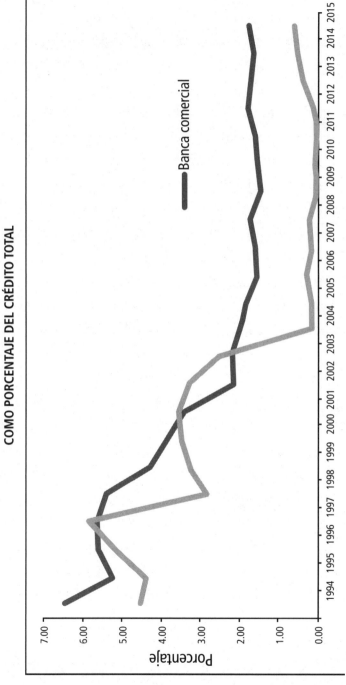

CRÉDITO AL SECTOR AGROPECUARIO, FORESTAL Y PESQUERO
COMO PORCENTAJE DEL CRÉDITO TOTAL

Banca comercial

Porcentaje

Fuente: INEGI (Varios años). El Sistema Alimentario en México. México. Gobierno Federal (2016). Cuarto Informe de Enrique Peña Nieto. México.

Por si esto fuera poco, el sistema de precios de garantía para las cosechas básicas, instituido durante el gobierno del general Lázaro Cárdenas, fue eliminado por la tecnocracia neoliberal con el pretexto de que era una política agrícola anticuada, cuando en realidad el gobierno de Salinas se obligó a ello al suscribir el TLCAN. Sin embargo, este sistema se utiliza aún en otros países para otorgar certidumbre a la producción agropecuaria. Por ejemplo, en Estados Unidos, la Ley Agrícola 2002-2007 lo establece bajo la forma de "ingreso objetivo", para garantizar los precios del maíz, trigo, soya, arroz, sorgo y otros.

El conjunto de políticas neoliberales aplicadas al campo ha originado un grave rezago productivo del sector agropecuario en relación con el crecimiento de la población. Del trienio 1980-1983 al 2001-2003, el PIB agropecuario forestal y pesquero por habitante se redujo en 11.1 por ciento. En otras palabras, en tanto la producción total de alimentos avanzó a un ritmo anual de 1.4 por ciento, la población del país creció, en el periodo de referencia, a una tasa de 1.9 por ciento anual.

Entre los productos afectados se encuentran los principales granos (maíz, frijol, trigo, arroz, soya, sorgo, cártamo y ajonjolí), cuya cosecha disminuyó de 341.2 kilogramos por habitante a 304.5 kilogramos, es decir, se redujo 10.8 por ciento durante el mismo lapso.

La producción de carnes rojas (bovina, porcina, ovina y caprina) disminuyó de 36.5 kilogramos por habitante a 25.5 kilogramos, una reducción de 30.2 por ciento; la producción de leche bajó de 103.9 litros por habitante a 95.8 litros, una reducción de 7.9 por ciento; y la producción de maderas disminuyó de 131.6 decímetros cúbicos por habitante a 73.2 decímetros cúbicos, una caída de 44.2 por ciento.

En contrapartida, las importaciones agroalimentarias crecieron de 2,756 millones de dólares anuales en el periodo 1980-82, a 5,562 millones en el trienio 1991-93, justo antes de la entrada en vigor del TLCAN, a 11,881 millones de dólares por año en 2001-2003, y a 27,400.9 millones de dólares anuales en el trienio 2011-2013. Eso con la particularidad de que en 2003 se alcanzaron los 12,833 millones de dólares, cifra superior al ingreso por inversión extranjera directa, que ascendió a 10,731 millones de dólares en ese año.

Es cierto que la agricultura de exportación ha crecido, pero se ha descuidado la producción para el mercado interno al grado de que el incremento en las exportaciones no ha contrarrestado el crecimiento de las importaciones de alimentos y materias primas. El déficit en la balanza comercial agroalimentaria pasó de 694 millones de dólares anuales en el periodo 1980-1982, a 3,055 millones de dólares por año en el trienio 2001-200, y a 4,365.2 millones de dólares en el trienio 2011-2013.

En el periodo del TLCAN (1994-2015) se han importado alimentos por un total de 357,570.7 millones de dólares; cada año hemos tenido que sacar 16,253.2 millones de dólares de nuestra economía para comprar alimentos que podríamos estar produciendo. El saldo acumulado de la balanza comercial agroalimentaria en el periodo del TLCAN (1994-2015) ascendió a -60,719.6 millones de dólares, con un déficit promedio anual de 2,760 millones de dólares.

Hay que recordar que por cada dólar en alimentos que México importa no solo transfiere al exterior divisas escasas que podrían utilizarse para otros fines, sino que pierde empleos rurales al subutilizar sus recursos naturales, reducir los ingresos campesinos y aumentar la pobreza rural. Perdemos, además, efectos multiplicadores de la actividad agropecuaria sobre la producción, el empleo y la inversión en todas las ramas de la economía.

Debemos subrayar que a causa del deterioro agropecuario hemos perdido empleos rurales. En 1993, la población ocupada en el sector agropecuario era de 8'842,774 personas, y en 2003 se redujo a 6'813,644; esto es, tan solo en ese periodo se perdieron 2 millones de empleos en el campo. Para 2016 la población ocupada en el sector se redujo a 6'615,476. En consecuencia, se ha incrementado la emigración del campo hacia las grandes ciudades y el extranjero.

Quizá lo más grave de todo este panorama sea la creciente emigración de mexicanos a Estados Unidos. El abandono del campo no ha dejado alternativa. Millones de mexicanos, por necesidad, han debido abandonar sus comunidades de origen.

Según cifras de CONAPO, durante los primeros tres años del gobierno de Vicente Fox el flujo de emigrantes mexicanos a Estados Unidos aumentó a un nivel histórico de 410,000 personas por año.

Flujo neto anual (entradas menos salidas) por periodo

Periodo	Flujo en el periodo	Flujo promedio anual	Fuente
De 1960 a 1970	290 000	29 000	1
De 1970 a 1980	1 550 000	155 000	1
De 1980 a 1990	2 600 000	260 000	1
De 1990 a 1995	1 575 000	315 000	1
De 1996 a 1999	1 182 000	295 000	2
De 2000 a 2003	1 230 000	410 000	3
De 2005 a 2010	1 814 000	302 000	2

1/SRE. Estudio Binacional México-Estados Unidos. México, 1997.
2/Estimaciones del CONAPO.
3/Estimación de *Milenio Semanal*, con base en los datos más recientes de CONAPO.

En los últimos tiempos, México se ha convertido en el país que más mano de obra expulsa al extranjero. Este fenómeno socioeconómico se ha sobrepuesto incluso al profundo arraigo cultural prevaleciente en comunidades indígenas y campesinas del sur del país. Antes, la emigración era fundamentalmente de los estados del norte y del centro. Ahora, los campesinos de estados como Veracruz, Chiapas y Tabasco, sobre todo los jóvenes, están optando por emigrar, y en muchas comunidades, como sucede también en otras entidades, se quedan solamente los niños, las mujeres y los ancianos.

Todo ello, a pesar de que en México, como en pocos países del mundo, hay recursos naturales en abundancia, un profundo amor por la tierra y una clara vocación productiva. Es cosa de imaginar cuánto conocimiento acumulado por siglos poseen los indígenas y campesinos de México. Sin embargo, el desprecio por toda esta sabiduría ha sido la constante durante el periodo neoliberal o neoporfirista. Quienes han manejado la política económica nunca han mirado hacia el campo. Todavía retumba la sentencia de Pedro Aspe, secretario de Hacienda de Salinas, cuando afirmó que "en un mundo globalizado no había necesidad de fomentar al sector agropecuario porque se podía adquirir afuera todo lo que se necesitara y podría costar más barato". Los estragos de esta manera de pensar simplista e irresponsable están a la vista: por el abandono del campo se cayó la producción y se produjo migración, desintegración familiar, descomposición social y, por ello, en gran medida, se desató la inseguridad y la violencia. Y aunque parezca increíble, aún existen funcionarios que en vez de optar por el desarrollo rural consideran mejor que la gente se vaya a trabajar a Estados Unidos. Incluso, han llegado a plantear que el gobierno debe llevar a cabo un programa de capacitación para jardineros, enfermeros y especialistas en atender a adultos mayores. Porque, según los neoliberales, en Estados Unidos cada vez habrá más demanda de este tipo de trabajadores debido al envejecimiento de la población.

Obviamente, aceptar semejante insensatez sería como rendirnos o renunciar a nuestra capacidad de desarrollo soberano. Estamos conscientes de que no será

fácil revertir el profundo deterioro del campo: es mucho
el atraso, el abandono y la miseria. Pero también cree-
mos que con una acción gubernamental decidida y eficaz
en favor del agro y sus pobladores, será posible revertir
la devastación y dar paso al progreso, al fortalecimiento
cultural y al bienestar social.

De manera puntual proponemos:

- ▶ Un programa integral de fomento agropecuario
  aplicado con los productores rurales y con un criterio incluyente en las tareas y los beneficios del
  desarrollo. Se trata de armonizar y apoyar al mismo tiempo la producción de autoconsumo, la producción para el mercado interno y la producción
  para exportar. Impulsaremos de manera prioritaria un subprograma de fomento productivo integral dirigido a los pequeños productores que
  conforman el 85 por ciento del total de las unidades de producción, dejándolos de tratar como
  "pobres" y clientela electoral, y reconociéndoles su
  enorme potencial productivo.

  Una agricultura de exportación dinámica no se
  contrapone a una agricultura fuerte para el mercado interno. Nuestra experiencia histórica así lo
  indica: de 1940 hasta 1960 las exportaciones agropecuarias generaron más de la mitad de las divisas
  que ingresaron a México por exportación de mercancías; y al mismo tiempo, el campo mexicano

satisfizo la demanda interna de alimentos y materias primas agropecuarias.

▸ Se promoverá el fortalecimiento de la economía de autoconsumo en las comunidades. El propósito es que con pequeños apoyos se fomenten las actividades productivas tradicionales. El rescate del campo supone revalorar la importancia de la unidad de producción campesina. Tomemos en cuenta que hay comunidades y pueblos con actividades productivas integradas o complementarias que han dado sustento a sus pobladores durante muchas generaciones.

Asimismo, la agricultura tradicional de autoconsumo, de la que dependen millones de indígenas y campesinos pobres, ha permitido conservar la invaluable diversidad de especies y variedades nativas de maíz que forman parte de la gran riqueza genética y biocultural de México. Estas especies deben perdurar y por eso decimos: no al maíz transgénico.

Es básico revalorar cultivos y tecnologías tradicionales que hemos venido olvidando debido a una mal entendida modernidad. Un caso concreto es el manejo de solares o patios para el cultivo de hortalizas, árboles frutales y maderables y plantas medicinales que, en combinación con la crianza de gallinas y cerdos, pueden significar un importante apoyo a la economía familiar.

Hay casos excepcionales en comunidades indígenas donde todavía se produce casi todo lo que se consume. Está también, por ejemplo, lo que históricamente ha sucedido en pueblos como los de Tlaxcala, donde los campesinos, en pequeñas porciones de tierra cultivan maíz, con buena productividad, y tienen en sus patios borregos, chivos y vacas, además del telar dentro de la casa.

Hoy, en vez de alentar estas formas propias de producción, se ha decidido instalar granjas avícolas y porcinas, con animales de "raza" que son menos resistentes a las enfermedades y dependen de insumos y alimentación especial o balanceada de empresas comerciales ajenas a la comunidad, con poca o nula utilidad y beneficio para los campesinos.

Es lamentable que en algunas comunidades los campesinos tengan que comprar rejas de huevos de granja y gallinas de desecho, cuando ellos mismos pueden producir y comercializar estos alimentos.

La acción gubernamental que proponemos debe orientarse al otorgamiento de créditos a la palabra para la compra de animales, granos y semillas, materiales de trabajo, insumos y todo aquello destinado a fortalecer las actividades productivas agroecológicas y las tecnologías tradicionales, enriquecidas por medio de un diálogo de saberes con los conocimientos científicos y tecnológicos modernos.

En específico, podríamos fortalecer, desde abajo y con la gente, la economía de las familias campesinas. Para ello se convocará a una gran cruzada nacional en favor del campo, incorporando a la actividad promotora a más de 20,000 agrónomos desempleados o subocupados fuera de su profesión, con criterio de servicio social y sensibilidad ante las realidades agropecuarias y culturales de las comunidades rurales.

Apoyar estas actividades se traducirá en una mejora en la alimentación, el ingreso, la autosuficiencia, el bienestar y fortalecer la identidad cultural.

No basta con crear empleos en el medio urbano, que siempre serán insuficientes. La absorción de la población rural por otros sectores de la actividad económica requeriría tasas de crecimiento superiores a 10 por ciento. Hace falta, pues, allegar al campo y a las pequeñas comunidades medios de producción baratos; asimismo, hay que recuperar la economía de subsistencia, que permite producir para las necesidades familiares y propiciar la inserción, por modesta que sea, en el mercado.

▸ Para fomentar la producción del mercado interno es necesario pasar a un nuevo sistema que garantice precios remunerativos al productor y certidumbre en la comercialización de sus cosechas. Debemos establecer un sistema de precios de garantía o generalizar el sistema de "ingreso-objetivo", introducido en México a raíz de las movilizaciones campesinas de 2003, pero haciéndolo extensivo a todas las regiones del país y a productos básicos y estratégicos que hoy están excluidos. De esta manera, el sistema de precios o ingresos garantizados abarcaría todos los granos básicos (maíz, frijol, trigo y arroz), las principales oleaginosas y fibras textiles (algodón, soya, cártamo, ajonjolí), así como el sorgo y la cebada. El nuevo sistema incluiría un programa de compras gubernamentales de última instancia y la conformación de una reserva estratégica alimentaria. El sistema tendría un carácter multianual con un horizonte de diez años.

Así podría darse certidumbre a la producción agropecuaria, corrigiendo el carácter discriminatorio del actual sistema de apoyos a la comercialización, que muestra un fuerte sesgo en favor de pocas regiones productivas, con la correspondiente exclusión de estos apoyos para la mayoría de los productores del país, incluidos los campesinos de subsistencia que también generan excedentes para el mercado pero tienen que vender barato lo que producen.

La combinación de acciones y programas nos permitirá alcanzar, en un plazo no mayor de tres años, la autosuficiencia en alimentos básicos: maíz, frijol, arroz, sorgo, trigo, carne de res, de cerdo, de pollo y pescado.

▸ Es fundamental apoyar las actividades agropecuarias de alta densidad económica para su exportación. Desde hace décadas México se ha ganado un lugar en el mercado mundial en cuanto a la exportación de café, aguacate, jitomate, melón, mango y otros numerosos productos hortícolas y frutícolas. En especial, se impulsará un programa estratégico para el rescate del sector cafetalero, mismo que se encuentra en la mayor crisis de la historia por el abandono gubernamental. En todos estos casos deben mejorarse la tecnología, la resiliencia climática y la calidad, así como facilitar todos los procesos de comercialización hacia el extranjero.

▸ En lo referente a los programas gubernamentales en vigor, como el Proagro (antes Procampo) y otros, proponemos una revisión a fondo para que se conviertan en un instrumento real de fomento al sector agropecuario. Se corregirá el vicio actual: el acaparamiento de los subsidios por unas cuantas empresas agropecuarias. A su vez, los recursos para el campo tendrán que ser federalizados, a fin de apoyar el desarrollo agropecuario desde las regiones.

▸ Debemos invertir en infraestructura rural con miras a aprovechar nuestro potencial de superficie irrigada: mejorar la utilización del agua en los actuales distritos y unidades de riego; reconstruir caminos rurales y carreteras; ampliar los centros de investigación y transferencia de tecnología, así como rehabilitar y ampliar las bodegas rurales. Además de los beneficios para el sector agropecuario, dichas inversiones permitirán generar empleos directos en la construcción y serán un factor de arrastre del crecimiento económico nacional.

Debe incrementarse el crédito al sector agropecuario por medio de la banca nacional de desarrollo pero también de la banca comercial con redescuentos de Fideicomisos Instituidos en Relación con la Agricultura (FIRA), y apoyar el desarrollo de nuevos intermediarios financieros en el medio rural, promoviendo la organización de los propios productores. Asimismo, se requiere fortalecer y extender el sistema de seguro agropecuario, evitando la concentración de este apoyo en pocos productores o empresas.

En la región del sureste se aplicarán dos acciones para el rescate de grandes extensiones de terrenos que permanecen improductivos. La primera se orientará a la recuperación de potreros que se han convertido en acahuales por el abandono de la ganadería. El rescate de pastizales en ejidos, comunidades y pequeñas propiedades se acompañará del otorgamiento de créditos a la palabra. Con este propósito se importarán de Centroamérica, o de otras partes del mundo, en el transcurso de tres años, dos millones de vaquillas o novillonas. La otra acción consistirá en ampliar la superficie destinada a cultivos de plantación como el plátano, el cacao, cítricos y frutales para impulsar en estos últimos cultivos la creación de asociaciones agroindustriales con base en el modelo de la Cooperativa Pascual.

Asimismo, se sembrará un millón de hectáreas de árboles maderables. Es triste constatar cómo se han ido acabando los bosques y se ha destruido la selva tropical, sin ninguna protección, fomento o manejo racional. Por eso, será prioritario impulsar la actividad forestal. Uno de los proyectos con este propósito es sembrar en las Huastecas (Tamaulipas, San Luis Potosí, Hidalgo y Veracruz), así como en todos los estados del sureste, caobas y cedros, entre otras variedades, con varios propósitos: crear alrededor de 400,000 empleos anuales, arraigar a los jóvenes campesinos a la tierra, detener el fenómeno migratorio, reforestar y rescatar la flora y la fauna nativas, y lograr la autosuficiencia en la producción de madera porque actualmente estamos importando 50 por ciento de la madera que consumimos. Estamos conscientes de que se trata de una actividad, cuyos beneficios plenos se obtienen en el largo plazo, pero hay que hacerlo de inmediato porque es mucha su importancia económica, ecológica y social.

Para asegurar el financiamiento de las acciones de fomento, el presupuesto agropecuario se elevará por lo menos a 50,000 millones de pesos y debemos mantenerlo constante, en términos reales, hasta 2024.

▶ La investigación científica destinada al campo debe ser prioritaria. Para ello se deben fortalecer los centros de investigación agropecuaria del país —el Instituto Nacional de Investigaciones Forestales, Agrícolas y Pecuarias (INIFAP), el Centro de Investigación y Estudios Avanzados (Cinvestav) y otros—, así como las universidades agropecuarias, prestando atención a las diversas opciones tecnológicas. La innovación productiva en los predios agrícolas se estimulará con incentivos y un sistema eficiente de extensionismo agropecuario y forestal.

La vinculación de los centros de investigación con los proyectos para rescatar el campo dejará de ser un buen deseo y se convertirá en realidad. Estoy seguro de que para ello contaremos con el apoyo de los investigadores que, con pasión y talento, han dedicado su vida a crear ciencias aplicadas en beneficio del desarrollo de México.

▶ Es necesario impedir una mayor degradación de nuestro territorio. Se luchará por la conservación y el mejoramiento del medio ambiente, impulsando una transición hacia un sistema agroalimentario y nutricional con base en los principios y prácticas de la agroecología y fomentando en la sociedad una conciencia ecológica que reconcilie a las personas con la naturaleza; se promoverá el cuidado de nuestra biodiversidad, en especial la flora y la fauna que se encuentran en vías de extinción, y habrá incentivos para el aprovechamiento racional de los recursos naturales y el desarrollo ambiental.

En este aspecto, es menester dar gran impulso a los cultivos orgánicos e inducir, en la medida de lo posible, la reducción de uso de agroquímicos, excluyendo en lo inmediato a los prohibidos por las normas internacionales.

Un punto central para el desarrollo agropecuario y para la conservación del medio ambiente es la definición de una política para el acopio, manejo y distribución del agua. Por lo tanto, con criterios de conservación y sustentabilidad, se fomentará la actividad pesquera. México posee 235,000 kilómetros cuadrados de aguas interiores (ríos, lagunas, arroyos, presas), 11,200 kilómetros de litorales y 3'160,000 kilómetros cuadrados de mar territorial, recursos que pueden utilizarse de forma óptima y racional para generar crecimiento económico, poner al alcance de la población proteínas de buena calidad a bajos precios, crear empleos y mejorar las condiciones de vida de las comunidades costeras y ribereñas del país.

Con ese propósito impulsaremos, entre otras acciones, la acuacultura, aprovechando los conocimientos surgidos de los centros de investigación del país y las prácticas de pescadores, que son los protagonistas principales del manejo de la cultura del agua.

▶ Con los países integrantes del TLCAN debemos procurar la negociación de diversos esquemas de cooperación por la vía de acuerdos complementarios que coadyuven a superar las asimetrías existentes en tecnología, productividad y apoyos al campo. Independientemente de estas negociaciones, es necesario hacer valer todos los instrumentos (aranceles, salvaguardas, normas técnicas y otras disposiciones) que México tiene en el TLCAN y en otros acuerdos comerciales para proteger ramas importantes de nuestra producción interna de alimentos y evitar prácticas desleales de comercio internacional.

Aclaro: esta visión no es nostálgica ni pretende inducir una regresión a prácticas clientelares. Es una exigencia de futuro establecer un modelo de desarrollo nuevo e incluyente que rescate el campo y a los campesinos, que los revalore como sector viable de la producción y como garante de la autosuficiencia alimentaria y la seguridad laboral; como base de una sociedad solidaria e incluyente; como sustento de los recursos naturales y la biodiversidad; como laboratorio cultural; como matriz de nuestra identidad; como condición de la gobernabilidad democrática.

En suma, vamos a rescatar al campo del abandono al que ha sido condenado por la política neoliberal. Se apoyará a los productores nacionales con subsidios y créditos para alcanzar la soberanía alimentaria y para dejar de comprar en el extranjero lo que consumimos. Con ello se arraigará a la gente en sus comunidades y se generarán empleos rurales que ayuden a contener la migración.

2. Rescate del sector energético y su utilización como palanca del desarrollo

Aun con el gran desafío que significa la nueva realidad originada por la llamada reforma energética —léase privatización del petróleo y de la industria eléctrica—, no podemos ni debemos dejar de considerar a este sector como estratégico para el desarrollo independiente de México. Su relevancia radica en que se extiende desde la extracción de crudo y gas hasta la refinación, la petroquímica y la generación de electricidad. Los productos de estas industrias son insumos de otras y así se va formando una gran cadena de valor económico.

Por ejemplo, las industrias del acero o del cemento necesitan de energéticos cuyas altas tarifas encarecen el precio final. En otros casos, la certidumbre de contar con el abastecimiento es vital para promover que en el país se ubiquen ciertas industrias, pues varios de estos insumos implican una compleja transportación y no son, por tanto, fácilmente comercializables en el mercado exterior. Además, las industrias energéticas usan en forma masiva bienes y servicios de otras ramas de la economía, con lo que se fortalece el mercado interno. En la actualidad, ninguna actividad económica moderna puede subsistir o competir sin el suministro de energía. Por otra parte, todas las proyecciones indican que la demanda de energéticos seguirá en aumento. Se estima que para el año 2024 será más del doble que la actual (Sener). Es decir, aun cuando se continúa investigando sobre otras fuentes de energía, desarrollo de la economía mundial seguirá sustentándose en los hidrocarburos durante varias décadas.

Es en este horizonte en el que México tiene ventajas en comparación con otros países. No es lo mismo tener petróleo que depender de las importaciones de esta importante materia prima. Aun cuando en el periodo neoliberal pasamos del sexto al treceavo lugar entre los países productores de petróleo del mundo, contamos con reservas potenciales de crudo suficientes para producir gasolinas y petroquímicos; además, poseemos en el subsuelo gran cantidad de gas natural que se utiliza para la generación de electricidad.

Rescatar al sector energético exige una estrategia que contemple, por un lado, la aplicación de una consulta o plebiscito para modificar, si así lo decide la gente, el marco legal y devolver a la nación el dominio exclusivo sobre el petróleo y la industria eléctrica; y, por el otro, la adopción de acciones urgentes, utilizando los márgenes que nos permiten las leyes actuales, para enfrentar la crisis originada tanto por la caída en la producción petrolera como por el desmantelamiento del parque de generación de la Comisión Federal de Electricidad. En pocas palabras, es urgente detener la sangría por los onerosos subsidios a empresas eléctricas privadas y la salida de divisas para la compra de gasolinas y otros derivados en el extranjero.

El manejo de Pemex, como hemos venido insistiendo, se ha caracterizado por el vandalismo y la irracionalidad. Hay que limpiar Pemex de corrupción. No es posible que se sigan otorgando contratos millonarios en beneficio de empresas extranjeras y de políticos corruptos. También es indispensable frenar la sobreexplotación de los yacimientos sin reponer reservas, con el único afán de exportar crudo. Por esta causa, de 2004 a la fecha se han dejado de producir 1'400,000 barriles diarios. Es decir, pasamos de 3'400,000 barriles a 2'247,000 barriles al día, y se estima que en 2018 la producción bajará a 1'900,000 barriles. Este dato revela el desastre que ha provocado la política privatizadora de los últimos tiempos. Apenas estamos extrayendo lo que necesitamos para cubrir la demanda interna, con el agravante de que, por falta de refinerías y por el abandono de las plantas petroquímicas, seguiremos vendiendo crudo y dependiendo por completo de la importación de gasolinas y otros derivados.

Es imperativo, en suma, modificar radicalmente la actual política petrolera. Es urgente recuperar la administración de Pemex, invertir en exploración e iniciar de inmediato la construcción de dos grandes refinerías en Dos Bocas, Tabasco, y Atasta, Campeche, lugares muy cercanos a la extracción de petróleo crudo. Asimismo, se llevará a cabo la reconfiguración de las refinerías de Salina Cruz, Oaxaca; Salamanca, Guanajuato, y Tula, Hidalgo. Todo ello con el propósito de generar empleos y dejar de importar 635,000 barriles diarios de gasolina y diésel, que representan 60 por ciento del consumo actual, con una erogación de 25,000 millones de dólares anuales. El objetivo principal debe ser industrializar la materia prima y ya no vender ni un solo barril de petróleo crudo al extranjero, a fin de generar empleos y utilidades en beneficio de los mexicanos. Asimismo, debe rescatarse la industria petroquímica y dar tratamiento especial a la producción de gas para frenar la acelerada y creciente dependencia del exterior.

En cuanto a la industria eléctrica, las hidroeléctricas y otras plantas de la Comisión Federal de Electricidad deben operar a toda su capacidad a fin de reducir la compra, a precios elevadísimos, de energía eléctrica a empresas extranjeras que, entre subsidios y ventas de energía se llevan cada año cerca de 60,000 millones de pesos del presupuesto público.

En suma, la idea es integrar y modernizar el sector energético para el desarrollo del país mediante la creación de empleos y la reducción de precios en gasolinas, diésel, gas y energía eléctrica para beneficio de consumidores y de pequeños y medianos empresarios. Por último, expreso nuestro compromiso de apoyar el desarrollo de energías renovables para no derrochar los recursos naturales que pertenecen a las generaciones futuras. Llevar a la práctica este programa integral demandará una inversión adicional para Pemex y la Comisión Federal de Electricidad del orden de los 80,000 millones de pesos anuales.

3. Impulso al crecimiento y generación de empleos

Lograr el rescate y la modernización del sector energético, condición básica para la industrialización y el desarrollo independiente de México, implicará reformas y proyectos de obra que requieren tiempo y, en consecuencia, los resultados comenzarán a sentirse en tres años, a la mitad del sexenio, cuando estén operando las nuevas refinerías y se pueda procesar toda la materia prima en nuestro país. De ahí que mientras se transita hacia un cambio de fondo para alcanzar un crecimiento sostenido con el aprovechamiento integral del petróleo, el gas y la energía eléctrica, será indispensable reactivar de inmediato la economía para sacar al país del estancamiento económico y generar empleos.

El fracaso del modelo neoliberal se manifiesta precisamente en la falta de crecimiento de la economía: en 31 años, de 1984 a 2015, el crecimiento del PIB promedio anual ha sido de 2 por ciento, pero si consideramos el aumento de la población, el Producto per Cápita (PPC) creció apenas 0.3 por ciento (datos del Banco Mundial); es decir, la política económica aplicada en las dos últimas décadas que no considera, entre otros factores, la distribución del ingreso, no ha logrado eficacia y progreso ni siquiera en términos cuantitativos. En otras palabras, en este periodo neoporfirista el crecimiento ha sido tan insuficiente como excluyente; los beneficios los han obtenido unos cuantos y hasta mero arriba. Los proyectos orientados a reactivar la economía y crear empleos obtendrán un respaldo de inversión pública de alrededor de 220,000 millones de pesos adicionales al presupuesto actual destinado a la vivienda, a obras y servicios públicos, a comunicaciones, al fomento de la pequeña y mediana empresa, al turismo, a mejorar el salario, a fortalecer el consumo y el mercado interno. De manera puntual, describo las principales acciones:

a) Fomento a la industria de la construcción
Entre las acciones concretas e inmediatas para reactivar la economía y crear empleos, consideramos estratégico

el impulso a la industria de la construcción. El país goza de muchas ventajas para reactivar pronto esta industria. Contamos con las materias primas y los productos que se requieren (gas, petrolíferos, acero, cemento), hay tecnología y mucha experiencia acumulada en ingeniería civil; los obreros de la construcción son de los mejores del mundo y existen importantes empresas constructoras.

Además, detonar la industria de la construcción no implica un alto grado de importaciones y sí produce un efecto multiplicador: se reactiva la economía, se construyen la infraestructura y las obras públicas que necesita el país y se generan muchos empleos, de modo que puede convenirse y aplicarse, con la participación del sector público, privado y social, un programa de construcción de infraestructura para el desarrollo y el bienestar; carreteras, trenes rápidos, aeropuertos, puertos, presas, pavimentación de calles, introducción de agua y drenaje, escuelas, hospitales, vivienda.

En lo específico proponemos la realización de los siguientes proyectos:

> ▶ Un programa de mejoramiento, ampliación y construcción de vivienda en el medio urbano y rural, con una meta anual de un millón de acciones para generar 500,000 empleos. Tengamos en cuenta que la vivienda, como activo social, funge como un elemento fundamental del bienestar de la familia, toda vez que proporciona seguridad,

sentido de pertenencia e identidad. Asimismo, es un detonante de la actividad económica, ya que estimula a cuando menos 37 ramas del sector industrial y de servicios, lo que se traduce en la generación de empleos directos e indirectos; permite la utilización de insumos nacionales y promueve el desarrollo regional.

► Con ese propósito se propone llevar a la práctica un programa de construcción de obras y servicios públicos (introducción de agua, drenaje, construcción de pavimento, guarderías, escuelas, hospitales, espacios para la recreación y deporte) en colonias populares del Valle de México, en ciudades fronterizas y en la periferia de las urbes del país.

► La construcción de nuevas carreteras, sobre todo en el sur-sureste, así como un programa para atender a 362 municipios (15 por ciento de los 2,456 que existen) que no cuentan con caminos pavimentados a sus cabeceras municipales. La construcción de estos caminos debe hacerse con el uso intensivo de mano de obra comunitaria para generar empleos y fortalecer la economía local.

► La construcción de dos pistas en la base aérea de Santa Lucía para resolver el problema de la saturación del actual aeropuerto de la Ciudad de México. Con ello se lograría un ahorro de más de 100,000 millones de pesos. Esto significa que vamos a cancelar el absurdo proyecto de construir el aeropuerto en el Lago de Texcoco, una opción costosísima y técnicamente incierta por el problema de hundimientos del suelo, que solo se explica por el predominio de los intereses del contratismo y la corrupción.

▶ Corredor económico y comercial en el Istmo de Tehuantepec. Este proyecto implica aprovechar la ubicación estratégica y la cercanía de esta franja del territorio nacional para unir al Pacífico con el Atlántico y facilitar con ello el transporte de mercancías entre los países de Asia y la costa este de Estados Unidos. Se trata de un corredor de 300 kilómetros donde se construirá una línea ferroviaria para el transporte de contenedores; se ampliará la carretera existente; se rehabilitarán los puertos de Salina Cruz y Coatzacoalcos; se aprovecharán el petróleo, el gas, el agua, el viento y la electricidad de la región, y se instalarán plantas para ensamblar piezas y fabricar artículos manufactureros. Toda esa franja del Istmo se convertirá en zona libre o franca.

Este proyecto se llevará a cabo sin menoscabo de nuestra soberanía y se promoverá con la participación del sector público, privado y social. En este caso, como en cualquier otro proyecto, se tendrán en cuenta los impactos ambientales y no se pasará por encima de los derechos de los propietarios de las tierras; por el contrario, serán tomados en cuenta, consultados e incorporados como parte sustantiva del proyecto. En particular, los dueños de las tierras que formarán parte de este corredor serán invitados a participar como accionistas de la empresa que se constituya con este propósito. La construcción de estas obras y las fábricas que se instalen generarán un importante número de empleos para evitar que los jóvenes de esta región sigan emigrando hacia el norte en busca de oportunidades de trabajo.

▶ La construcción de trenes de gran velocidad de la Ciudad de México hacia la frontera con Estados Unidos, así como el tren turístico cultural de la ruta maya Cancún-Tulum-Calakmul-Palenque.

b) Fomento a la pequeña y mediana empresa
Se atenderá con prioridad la microeconomía o economía de la gente. Habrá una política de Estado para promover el desarrollo de la pequeña y mediana empresa. Estas tendrán energéticos y créditos baratos; se les protegerá ante precios exagerados de insumos, de impuestos altos y del burocratismo. No olvidemos que las pequeñas y las medianas empresas —industriales, agropecuarias, de servicios y comercio— generan 90 por ciento de los empleos existentes.

Debemos alentar la creatividad y la vocación productiva de los mexicanos. En todo el territorio hay

pequeños talleres y empresas familiares que sin ningún apoyo gubernamental se dedican a la elaboración
de muebles, utensilios para el hogar, piezas de vestido
y calzado, alimentos, juguetes y un sinfín de productos.
Hay muchísimos talleres de reparación. Sigue sorpren-
diendo el ingenio de las mujeres indígenas en la confec-
ción de bordados y tejidos; de los artesanos de Olinalá,
en Guerrero, o de Zacoalco, en Jalisco; de los carpinteros
de la Huasteca y de muchos otros que son creadores de
verdaderas obras de arte.

Continúan vivas las modalidades prehispánicas del
comercio. Ahí están los mercados que se establecen cada
semana en Oaxaca, Puebla o Michoacán, y donde todavía se practica el trueque, o los grandes tianguis de ropa
y calzado, como los de San Martín Texmelucan, Puebla;
Chiconcuac y San Mateo Atenco, en el Estado de México.
No olvidemos que gracias a este espíritu emprendedor
mucha gente ha logrado anteponerse a las adversidades
económicas; es más, si no es por la economía informal
—que consiste, sencillamente, en que la gente se busca la vida trabajando en lo que puede— y por el fenómeno migratorio, ya hubiese habido un estallido social en
nuestro país.

Desde nuestro punto de vista, la mejor argumenta-
ción que se ha hecho en defensa de la creación de empleos con el impulso a las pequeñas y medianas empresas
fue la que formuló Gabriel Zaid en un artículo del 24 de
abril de 2011, publicado en el periódico *Reforma*. Afirma

que no se puede, en un país como el nuestro, con tanta necesidad de empleos, hacer cuentas alegres apostando solo a las grandes inversiones. Su razonamiento es impecable:

> Las inversiones intensivas de capital ayudan a competir en el mundo transnacional intensificando la productividad laboral. Por lo mismo, no pueden ser la solución para el empleo. Producir más con menos gente hace más productivos a los que conservan el empleo, no a los que salen sobrando. En las cifras anuales que publica *Expansión* sobre las 500 mayores empresas de México está claro que las grandes inversiones pueden aumentar la producción sin aumentar el personal.
>
> Los países donde sobra capital pero falta gente (hasta el punto de que necesitan importar mano de obra), desarrollan tecnologías que permitan producir más con poca gente. Los países donde falta capital y sobra gente (hasta el punto de expulsarla) necesitan tecnologías que permitan producir más con poco capital. En ambos casos aumenta la productividad, pero de maneras distintas que responden a situaciones diferentes.
>
> Usar grandes dosis de capital para aumentar 20 por ciento o 30 por ciento la productividad de los que ya alcanzaron un buen nivel productivo está bien. Pero usar pequeñas dosis para aumentarla 200 por ciento o 300 por ciento en los de nivel más bajo está mejor: le saca más partido al capital (lo vuelve más rentable, genera más empleo, hace crecer más el PIB).
>
> Esta oportunidad no se aprovecha porque las pequeñas inversiones no tienen *sex appeal*. Son sumamente productivas, pero no atraen los reflectores. La vanguardia económica

de México está orgullosa (y con razón) de que cada vez más mexicanos demuestran que son iguales o superiores a sus contrapartes internacionales. Pero se resiste a creer que el México pobre tiene que recorrer el camino de los países que hoy son ricos: empezaron por producir más con poco capital, antes de producir más con poco personal.

No aceptar las etapas intermedias y empezar por el final es perfectamente posible para una parte de la población. Para el resto no queda más que irse a donde falta mano de obra y sobra capital.

Nuestras políticas económicas han tenido los ojos puestos en la cumbre, no en la base de la pirámide. Por eso han creado millones de empleos para el México pobre... en los Estados Unidos.

Proponemos convertir a la Secretaría de Economía en una dependencia de fomento a las pequeñas y medianas empresas, destinando a este propósito 10,000 millones de pesos adicionales a su presupuesto anual. Cuando me desempeñé como jefe de Gobierno en la Ciudad de México se aplicó un programa de crédito a la palabra a microempresarios, cuya inversión, de 2001 a 2005, alcanzó la suma de 731 millones de pesos y, lo más significativo, es que la tasa de recuperación fue de 90 por ciento; es decir, la gente pagó, cumplió sus compromisos y se benefició.

c) *Fomento al turismo*

A pesar del escaso apoyo gubernamental, pero gracias al potencial turístico de nuestro país, este sector ha crecido más que ningún otro en los últimos tiempos. Es común escuchar a los prestadores de servicios turísticos de Quintana Roo hablar de cómo lograron implantar en el mundo "la marca" Cancún. Este orgullo debe preservarse y extenderse a todos los destinos turísticos de México. Nuestro país cuenta con atractivos turísticos variados y extraordinarios: importantes zonas arqueológicas, playas, ríos majestuosos, ciudades coloniales, cañones, barrancas, selvas, bosques, paisajes, flora y fauna riquísima en biodiversidad. Además, los servicios turísticos tienen un alto efecto multiplicador: en particular generan muchos empleos. De este sector viven transportistas, restauranteros, hoteleros y millones de trabajadores de todas las especialidades. Según el INEGI, en 2016 había 3'845,000 personas empleadas en esta importante actividad económica.

No bastará con acciones de difusión y de construcción de infraestructura para ampliar las instalaciones en los actuales y nuevos sitios turísticos. Es indispensable, además, evitar la destrucción del medio ambiente y la contaminación con un programa de limpieza, tratamiento de basura, introducción de agua, drenaje y atención médica especializada en las zonas turísticas. Asimismo, se aplicarán programas específicos para garantizar la seguridad pública. Apunto que en la Ciudad de México, al mismo tiempo que rehabilitamos el Centro Histórico se puso en marcha un plan con instalación de cámaras y una policía especial.

d) Zona libre en la frontera norte

En nuestra concepción de desarrollo consideramos fundamental retener a la gente en sus lugares de origen. La emigración, la economía informal y las actividades ilícitas deben dejar de ser, como ha venido sucediendo, las únicas alternativas para los mexicanos.

Es indispensable que haya oportunidades de trabajo e ingresos justos a lo largo y ancho del territorio nacional. En los últimos tiempos, el crecimiento vertical de la economía ha producido profundos desequilibrios regionales; no solo se sigue padeciendo la disparidad histórica norte-sur, sino que por la falta de crecimiento horizontal y de empleo, la mayor parte del territorio se ha venido despoblando y como nunca ha aumentado la emigración interna y a Estados Unidos.

En el periodo neoliberal, como ya hemos visto, la tasa de crecimiento ha sido de 2 por ciento anual, pero estamos hablando del promedio nacional, lo que no significa que en todo el país haya pasado lo mismo. Se llega a esta media porque ha habido mayor crecimiento en lugares bien delimitados: en las zonas turísticas del Caribe y del Pacífico; en ciertas ciudades del centro y del norte del país, y en la franja fronteriza, donde hay industrias maquiladoras. Sin embargo, en la mayor parte del territorio nacional la economía no solo se ha estancado sino que ha decrecido.

Una evidencia de lo anterior es la forma como se ha orientado el crecimiento poblacional en el interior del territorio y el desmedido aumento de la migración hacia Estados Unidos. Es una realidad espeluznante que de 1983 a la fecha, casi la mitad de los municipios han perdido población y se ha producido un gran éxodo hacia unas cuantas regiones del país y al extranjero. Son muchos los ejemplos de esta emigración masiva. En el caso de Veracruz, más de un millón de habitantes abandonaron el estado en las últimas dos décadas para ir a ciudades fronterizas en busca de trabajo. En otras palabras, el México de hoy es un país a la vez semivacío y hacinado, caracterizado por la marginación y la pobreza, con pequeños islotes de crecimiento o progreso que ya están siendo afectados por la crisis.

Por eso consideramos importante no dejar caer la economía en la zona fronteriza del país. Ya expresamos que habrá desarrollo desde abajo y se regresará al campo, pero no se debe desaprovechar la enorme ventaja que significa nuestra vecindad en más de 3,000 kilómetros con el país de mayor fortaleza económica y comercial del mundo. En la actualidad, las ciudades y pueblos fronterizos de Tamaulipas, Nuevo León, Coahuila, Chihuahua, Sonora y Baja California padecen crisis económica, de bienestar y de seguridad. A pesar de ello, es notoria la desatención del gobierno federal. Con Calderón solo se construyeron costosísimas instalaciones aduanales que ahora son elefantes azules, auténticos monumentos a la corrupción; y con Peña Nieto se aumentó el IVA en la zona fronteriza de 11 a 16 por ciento, es decir, más de 30

[219]

por ciento de impuesto al consumo. Un ejemplo de esta desatención es lo que ha pasado con la industria maquiladora, que en 20 años, en vez de consolidarse ha venido perdiendo terreno a partir de la expansión que ha significado el avance de la maquila en países asiáticos, en particular China. La investigadora Marie-Laure Coubès, del Colegio de la Frontera Norte, sostiene que la crisis económica de Estados Unidos de 2009 afectó el mercado laboral del lado mexicano. Con referencia específica a Tijuana, que antes significaba oportunidad de empleo para migrantes de otras regiones del país, el estudio señala que "la tasa de desempleo se incrementa drásticamente, pasando de 2.1 por ciento a 4.0 y 7.2 por ciento entre 2007, 2008 y 2009, respectivamente, siendo la tasa masculina superior a la femenina en estos últimos años. Desde 2009 y hasta la fecha (2011) el desempleo en Tijuana supera el nivel de desempleo de las otras ciudades del país, lo cual es inédito en la historia de los últimos veinte años."[29]

Para afrontar la problemática referida nuestro gobierno creará en la frontera norte una franja económica estratégica o zona libre. En concreto se aplicará la recomendación de especialistas y empresarios de la frontera norte para "evitar las regulaciones innecesarias y la imposición de gravámenes excesivos a las empresas que desean establecerse en la región", así como considerar "el establecimiento de una zona franca, similar a las que operan en otras regiones del mundo como China en su zona costera, estrategia que le ha permitido crecer de forma notable."[30]

Aunque en su momento se presentará el programa específico, desde ahora adelanto algunas ideas y acciones para utilizar de manera óptima acuerdos y tratados con Estados Unidos destinados a la exportación e importación de mercancías y otros bienes; de manera concreta explico que habrá una política fiscal especial que incluya reducción del IVA e ISR; precios competitivos y homologados a los estadounidenses en combustible y electricidad. Asimismo, vamos a trasladar las aduanas 20 kilómetros tierra adentro de la línea divisoria; habrá impulso a la educación, la ciencia y la tecnología; así como salarios justos y desarrollo social (urbanización, salud, guarderías, seguridad social).

e) Mejorar el salario para fomentar el consumo y el mercado interno

Es indispensable restituir el poder adquisitivo de los salarios. Los mínimos son inhumanos y anticonstitucionales. Atrás quedó aquello de que, a diferencia de México, China tenía como ventaja comparativa los bajos costos de su mano de obra; ahora ganan más los trabajadores de esa nación asiática.

Como es sabido, la política neoliberal de limitar los aumentos de salario, so pretexto de efectos inflacionarios, siempre por debajo de los incrementos de los precios, ha provocado el empobrecimiento y la pérdida del poder adquisitivo de los trabajadores. Según Gerardo Esquivel, el ya citado investigador del Colegio de México, "el poder de compra del salario mínimo ha disminuido drásticamente a lo largo de las últimas décadas. Para 2014 alcanza para poco más de la cuarta parte de lo que pudo abarcar en su punto más alto (1976); representa, además, poco más de un tercio de lo que era hace 45 años (1969)".[31]

El más reciente reporte del Centro de Análisis Multidisciplinario de la Facultad de Economía de la UNAM, afirma que hace 29 años un salario mínimo alcanzaba para comprar 51 kilos de tortilla, o 250 piezas de pan blanco, o 12 kilos de frijol bayo, y que ahora solo alcanza para adquirir seis kilos de tortilla o 38 piezas de pan blanco o cuatro kilos de frijol; de acuerdo con los estudios del CAM, la pérdida del poder adquisitivo del salario en este periodo llega al 78.71%. Tal es la proporción del empobrecimiento del pueblo.

El mismo Esquivel sostiene que "uno de los aspectos más duros es que el nivel actual del salario mínimo en México se encuentra por debajo de la línea de bienestar o de pobreza, y no solo eso, sino por debajo también del doble de la línea de bienestar mínimo o de pobreza extrema. En palabras reales: un mexicano que trabaja una jornada formal completa y que percibe el salario mínimo sigue siendo pobre. Si con ese ingreso ha de mantener a un miembro más de su familia, a ambos se les considera pobres extremos. El salario no está ni cerca de ser suficiente para adquirir una canasta básica que les proporcione los nutrientes mínimos indispensables para llevar una vida saludable. La situación es grave a grados tales que contraviene lo estipulado en la Constitución: en ella se establece que un salario mínimo debe garantizar un nivel de vida digno. Este es un caso único en toda América Latina. En ningún país del subcontinente se ha mantenido tan rezagado el poder de compra del salario mínimo como en México".[32]

Es obvio que debe enfrentarse de inmediato esta calamidad, pero antes de hacer una propuesta concreta quiero recordar un antecedente histórico muy significativo. En junio de 1906, Ricardo Flores Magón y Juan Sarabia escribieron en Toronto, Canadá, donde se refugiaban de la represión porfirista, el Programa del Partido Liberal con su correspondiente manifiesto. El documento es genial, apegado a la realidad, propositivo, innovador y de inspiración democrática. Es uno de los programas de mayor trascendencia en la historia de México y que debería conocerse ampliamente, aunque aquí solo podemos hacer una breve reseña y resaltar la peculiar y atinada visión de los magonistas para impulsar el crecimiento económico mejorando la capacidad de consumo de la gente y fortaleciendo el mercado interno.

Para empezar, el programa propone un cambio de fondo: sustituir la dictadura por una auténtica democracia. Luego abarca todos los aspectos de la vida pública y enlista "las principales aspiraciones del pueblo y sus más urgentes necesidades": el sufragio efectivo, la no reelección; la libertad de prensa; el otorgamiento del amparo sin dilación; la pronta impartición de justicia; la abolición de la pena capital; la desaparición de los jefes políticos y en contraparte el fortalecimiento de la autonomía municipal; la sustitución de las cárceles por colonias penitenciarias para la regeneración de los reclusos; la eliminación del servicio militar obligatorio o "leva"; la unión de los países latinoamericanos para defenderse ante abusos de las potencias; la reafirmación de las leyes de Reforma y el apego estricto a la Constitución, la libertad religiosa, la educación laica, el aumento de escuelas públicas, sueldos justos a los maestros y atención especial a la enseñanza de artes y oficios. Asimismo, propone reducir los impuestos; aplicar descuentos a quienes rentan y hacen mejoras en casas y cuartos de vecindades; declarar iguales ante la ley a hijos legítimos y naturales y a hombres y mujeres.

El programa contiene, además, una amplia y detallada propuesta económica y social, en la que se equilibran libertad y prosperidad; postula el respeto al derecho de propiedad y tiene como objetivo "aumentar el volumen de riqueza general"; propone lograr el desarrollo nacional, en particular el de la agricultura y la industria, mediante la intervención de un Estado democrático que distribuya la riqueza con el criterio de mejorar los ingresos y el consumo de la gente para fortalecer el mercado interno. De manera clara y convincente argumenta: "Los pueblos no son prósperos sino cuando la generalidad de los ciudadanos disfrutan de siquiera relativa prosperidad. Unos cuantos millonarios, acaparando todas las riquezas y siendo los únicos satisfechos entre millones de hambrientos, no hacen el bienestar general sino la miseria pública, como lo vemos en México. En cambio, el país donde todos los más pueden satisfacer sus necesidades será próspero con millonarios o sin ellos. El mejoramiento de las condiciones del trabajo, por una parte, y por otra, la equitativa distribución de las tierras con las facilidades de cultivarlas y aprovecharlas sin restricciones, producirán inapreciables ventajas a la nación. No solo salvarán de la miseria ni procurarán cierta comodidad a las clases que directamente reciben el beneficio, sino que impulsarán notablemente el desarrollo de nuestra agricultura, de nuestra industria, de todas las fuentes de la pública riqueza, hoy estancadas por la miseria general. En efecto, cuando el pueblo es demasiado pobre, cuando sus recursos apenas le alcanzan para mal comer, consume solo artículos de primera necesidad, y aun estos en pequeña escala... Cuando los millones de parias que hoy vegetan en el hambre y la desnudez coman menos mal, usen ropa y calzado y dejen de tener petate por todo ajuar, la demanda de mil géneros que hoy es insignificante aumentará en proporciones colosales y la industria, la agricultura, el comercio, todo será materialmente empujado a desarrollarse en una escala que jamás se alcanzaría mientras subsistieran las actuales condiciones de miseria general".[33]

Es claro que mejorar el ingreso de las mayorías siempre resulta benéfico para todos. Con este criterio actuaremos, y de manera precisa nos ocuparemos de auspiciar un proceso de recuperación gradual de la capacidad de compra de los trabajadores con el aumento oficial del salario mínimo y con incrementos a los sueldos de los empleados de base al servicio del gobierno, de cuando menos tres puntos anuales por encima de la inflación. El porcentaje de aumento en el salario mínimo deberá evaluarse y pactarse, en su momento, con la representación laboral y empresarial.

Hace poco, el 14 de octubre de 2016, Enrique Cárdenas, del Centro de Estudios Espinosa Yglesias, escribió un espléndido artículo en el periódico *El Universal*, titulado "El salario mínimo no alcanza para lo mínimo". Me parece pertinente transcribirlo íntegramente:

El establecimiento del salario mínimo legal en México ocurrió con la promulgación de la Constitución de 1917. En aquel momento, el nuestro era uno de los poquísimos países que lo habían incorporado: Nueva Zelanda en 1894, Australia en 1896, y el Reino Unido en 1910. Después, tengo entendido, siguió México. El establecimiento del salario mínimo obedeció a la enorme pérdida de poder adquisitivo de los salarios que había ocurrido a lo largo del conflicto armado, pues se desató lo que podríamos llamar una hiperinflación. Nunca hemos tenido un evento semejante en nuestra historia.

De entonces en adelante, siempre se definió al salario mínimo como aquel que debía ser suficiente para sostener dignamente a un trabajador y a su familia, nada más, pero nada menos. Así, a partir de una reivindicación social, el salario mínimo se ha utilizado de diversas maneras en el tiempo. De la década de los cuarenta a fines de los sesenta se logró incorporar en el salario mínimo una parte de la productividad que generaba el trabajador, lo que permitió que aumentara su poder adquisitivo. En 1969 era de 185 pesos diarios a precios de hoy. Hoy solo es de 73 pesos. En los años de expansión petrolera, aumentó a más de 250 pesos diarios (a precios actuales), pero en 1981 bajó a 226 pesos. Luego, a partir de la crisis de la deuda en 1982, la enorme inflación y la contracción macroeconómica que siguió, el salario mínimo, a precios de hoy, se colapsó a 71.50 pesos en 1996 (a precios actuales). Durante esos años de alta inflación, el gobierno utilizó el control a los salarios y su influencia para mandar señales al resto de los mercados: se convirtió en un ancla para controlar la inflación. Por ello su poder adquisitivo cayó tanto. Finalmente, a raíz de la estabilización macroeconómica poscrisis de 1994-1995, el salario mínimo en términos reales quedó estancado prácticamente hasta hoy y fluctúa entre 69 y 73 pesos, a pesar de las ganancias en productividad que ha experimentado la economía. Esa ha sido la trayectoria de los salarios mínimos a precios actuales por casi cincuenta años.

Pero la pregunta importante es ¿alcanza el salario mínimo para que una persona y un dependiente económico vivan dignamente? Para ello, debemos ver los datos de Coneval, que marcan la línea de bienestar mínimo (solo alimentación) en 1,334 pesos mensuales por persona, y 2,702 pesos como línea de bienestar urbana, que incluye también otros gastos. Así, el ingreso diario que debe tener una persona que se sostenga a sí misma y a una más es de 89 pesos

(1334x2/30) si solo vive de alimentos, o bien, de 180 pesos (2x2702/30) si puede cubrir los demás gastos en el ámbito urbano. En otras palabras: en nuestro salario mínimo actual de 73 pesos... hacen falta otros 16 para a no morirse de hambre, y 107 pesos para alcanzar un nivel mínimamente digno de bienestar.

La discusión sobre la conveniencia o deber de aumentar el salario mínimo ha tomado diversos giros. Uno de ellos es que las autoridades y empresarios se han negado a elevarlo; el argumento es que puede generarse una espiral inflacionaria. En términos porcentuales y si esto se repitiese en todos los salarios del país, tienen razón.

Ahora bien, este "efecto faro" también se da a la inversa. Un patrón que paga dos salarios mínimos por trabajador, seguramente piensa que paga bien a su gente; al final, es el doble de lo que exige la ley. No considera que, incluso en el ámbito moral, les hace un mal: dos salarios mínimos, 146 pesos diarios, tampoco alcanzan para que una persona y su dependiente vivan dignamente. Entonces, un salario mínimo legal tan bajo "jala" los demás salarios a la baja. Solo para evitar esta indeseable consecuencia, es menester aumentar el salario mínimo.

En México, desde los años sesenta y hasta antes de 1982 el salario mínimo sí era suficiente para vivir dignamente. De entonces para acá, esta paga simplemente no alcanza. ¿Por qué antes se podían pagar esos salarios y ahora se argumenta que no es posible? De esos días a la fecha, ¿no hemos progresado nada? Si nuestra economía, la 16 del mundo, no puede con esos salarios mínimos, algo está muy mal. No hay pretexto para insistir en mantener los salarios por debajo de la línea de bienestar.

*

Suscribo lo anterior y considero que es económica, social y moralmente imprescindible aumentar el devaluado salario mínimo, y reitero que estoy seguro de lograr el consenso entre la representación obrera y el empresariado del país. Pero, convencimiento y negociación aparte, sostengo que es posible, desde ahora, hacer el compromiso de que a principios de 2019 mejorarán los sueldos de los trabajadores al servicio del Estado. En la valoración que hemos hecho, por cada punto adicional de incremento en la nómina del gobierno federal, se requieren 11,158 millones de pesos; es decir, nuestra propuesta costará alrededor de 33,000 millones de pesos. Aquí conviene aclarar que se trata de aumentos proporcionales para trabajadores que ganen menos de 200,000 pesos al año y con mayor apoyo para quienes perciben bajos ingresos. Estos aumentos incluirán a maestros, médicos, policías, soldados y otros servidores públicos. Adicionalmente, es factible agregar al salario de los trabajadores del gobierno federal cuando menos otros tres puntos, si algunas prestaciones, como vales de fin de año, de alimentación, vestuario y otros apoyos, se entregan en dinero y no en especie.

Esta política ya la aplicamos cuando estuvimos al frente del gobierno de la ciudad capital. Desde la campaña hicimos un compromiso parecido y lo cumplimos. Mientras se redujo el salario de los altos funcionarios, los trabajadores de base recibieron aumentos de más dos puntos por encima de la inflación. Esto les permitió, en

ese periodo, una recuperación de su poder adquisitivo de
10 por ciento en términos reales, más lo que obtuvieron
con la entrega en efectivo de muchas de sus prestaciones
que dejaron de ser administradas por funcionarios que
no siempre las manejaban con integridad, oportunidad
y transparencia. En fin, así pensamos mejorar las condiciones laborales y, al mismo tiempo, fortalecer el consumo y el mercado interno.

f) Construir el futuro con los jóvenes
Desde la elección pasada insistí mucho sobre la necesidad de evitar el abandono de los jóvenes. Un distintivo del periodo neoliberal o neoporfirista ha sido, precisamente, la marginación y el ninguneo de la juventud.
Por la falta de oportunidades para las nuevas generaciones se han producido frustración, odios y resentimientos
que atizan la violencia que padecemos. Por humanismo,
justicia y seguridad, es urgente incorporar a los jóvenes
al trabajo y al estudio.

Se trata de hacer algo parecido a lo que hizo el presidente estadounidense Franklin D. Roosevelt, quien
durante la Gran Depresión creó las condiciones para hacer realidad el derecho de todos al empleo. El programa
nuestro se llamaría "Jóvenes construyendo el futuro":
se iría casa por casa inscribiendo a los jóvenes, incorpo-
rándolos al trabajo y al estudio. Se restablecerá el principio de educación gratuita en todos los niveles escolares;
es decir, el Estado tendrá la obligación de garantizar la

atención a todos los jóvenes que deseen estudiar en los niveles medio superior y superior. No habrá rechazados, habrá cien por ciento de inscripción y se suspenderán los exámenes de admisión que no sirven para evaluar conocimientos y capacidades sino para excluir de los centros universitarios a la gran mayoría de los aspirantes, normalizar la insuficiente inversión pública y justificar así la privatización de la enseñanza superior.

En poco tiempo se atenderá a 2'600,000 muchachas y muchachos que actualmente no tienen oportunidades, que han sido excluidos y a quienes se les ha cancelado el futuro. Son tres los objetivos generales de este programa: integrar a los jóvenes en las actividades laborales o académicas para dotarlos de herramientas para una vida mejor; alejarlos del desempleo y del camino de las conductas antisociales, y acelerar la preparación de una gran reserva de jóvenes para las actividades productivas en previsión de un mayor crecimiento económico en el futuro próximo.

Del total de jóvenes que podrán participar en el programa se propone la formación de dos grupos:

▶ 300,000 jóvenes, aproximadamente, que han sido rechazados de las universidades públicas y que aún pueden estudiar, podrían integrarse en el corto plazo a un proyecto educativo emergente. Esta cifra puede variar según la demanda, pero por el momento estimamos 150,000 mujeres y 150,000 hombres.

▸ Alrededor de 2'305,000 jóvenes que han buscado empleo sin encontrarlo o que no han buscado empleo y tampoco trabajan, podrían integrarse a actividades formativas y productivas.

▸ Con la suma de 300,000 que se pueden reintegrar al estudio más 2'300,000 que se integrarían al trabajo o a capacitación para el trabajo, se atendería a 2'600,000 jóvenes que, según cifras oficiales, buscan empleo pero no logran encontrarlo, o que no lo buscan ni hacen nada.

El programa se propone apoyar a los jóvenes que en edad de secundaria y preparatoria se encuentren en riesgo de deserción escolar para que sigan adelante con su educación.

En el primer grupo hablamos de atender a 300,000 estudiantes, con un apoyo o beca de 29,000 pesos anuales por alumno. El presupuesto sería de 8,700 millones de pesos y se aplicaría en toda la República.

En el segundo grupo se ofrecerán oportunidades de trabajo, como ya dijimos, a 2'300,000 jóvenes de todo el país. Estos jóvenes (así como los que se reintegren al estudio) serán empadronados con el objeto de determinar su ubicación en un programa de empleo como aprendices en empresas pequeñas, medianas o grandes.

Una vez inscritos, los jóvenes y el gobierno, indistintamente, buscarán la incorporación de los solicitantes de empleo a una empresa o actividad productiva, tanto del sector privado como del sector público. En el sector privado se colocarán en actividades económicas (agropecuarias, pesqueras, turismo), en la industria y en los servicios. En el sector público, en trabajos de construcción, en la siembra de árboles maderables, frutales y en otras labores del campo, en Pemex, en la industria eléctrica, en mantenimiento de infraestructura, en remodelación de parques y jardines, calles, edificios públicos y otros.

En estas labores, los jóvenes estarían bajo la responsabilidad de un empresario, tutor o funcionario capacitador, a quien el gobierno transferiría el sueldo mínimo de estos trabajadores en proceso de capacitación. El empleador y el joven deberán informar mensualmente al gobierno sobre los avances de esta asociación para que las transferencias de pago continúen.

Aun cuando el gobierno democrático y la sociedad propiciarán un ambiente de honestidad, de todas formas habrá controles para minimizar el riesgo de simulación de nuevos empleos, corrupción o duplicación de apoyos. Más concretamente, el programa de empleo debe evitar la suplantación de un trabajador existente por un trabajador subsidiado o en proceso de capacitación. El ingreso para el joven será equivalente a 1.5 salarios mínimos. La erogación por este concepto sería de 99,360 millones anuales. En general, garantizar el estudio y el trabajo a todos los jóvenes significaría una inversión, que no gasto, de 108,000 millones de pesos.

Los jóvenes en este programa estarían obteniendo conocimiento de oficios y ocupaciones que en el futuro inmediato permitirían aumentar la productividad. Con esta acción gubernamental, además de mejorar el ingreso de millones de jóvenes y de sus familias, se promoverá la capacitación de mano de obra que en el futuro no muy lejano será necesaria para sostener tasas de crecimiento de la economía de 6 por ciento o más.

Para su éxito, este programa requiere de un compromiso tripartito:

- ▶ El Estado garantizaría la manutención mínima de estudiantes y la remuneración de los jóvenes que se sumen a la vida laboral.
- ▶ Los jóvenes se comprometerían a estudiar y efectuar las tareas que les sean asignadas por sus capacitadores.
- ▶ Las empresas o dependencias que reciban a estos jóvenes para su empleo deberán comprometerse a capacitarlos y a informar al gobierno sobre su desempeño.

El programa se implementará desde finales de 2018, aunque la reincorporación de los jóvenes se iniciará en el transcurso de 2019.

Se utilizará el método de dispersión de recursos económicos, apoyándonos en sistemas de Internet y de emisión de tarjetas blindadas para los establecimientos que capaciten o eduquen a estos jóvenes, buscando en todo momento reducir el costo administrativo. A lo largo del programa, el gobierno seguiría explorando la incorporación definitiva de los jóvenes a la actividad económica permanente o a nuevos proyectos, dependiendo del estado de la economía y del surgimiento de oportunidades de empleo, así como del desempeño de las personas objeto de este programa.

Son muchos los efectos positivos que generará esta propuesta. En términos generales disminuirá el desempleo y aumentará la matrícula en educación. Con mayor capacitación para el trabajo se incrementarían tanto el producto real como el potencial, desarrollándose un ambiente favorable para la actividad económica futura. Al tener estos jóvenes una ocupación (en el trabajo o en la escuela), se les alejaría de actividades antisociales, se alentaría la recuperación del tejido social, se fortalecerían el sentido de pertenencia a la comunidad y los valores de cooperación, respeto y responsabilidad.

Hay que mencionar que la tasa oficial de desempleo, en el último dato a febrero de 2016, fue de 3.93 por ciento. El programa que abarca a 2.3 millones de personas, si fueran empleadas, significaría que la tasa se reduciría prácticamente a cero, lo cual no ha ocurrido en ningún país. Claro está que la cifra real de desempleo es mayor, pero más allá de esas consideraciones, lo verdaderamente importante es que con este programa se abrirían de nuevo los horizontes a los jóvenes y, al mismo tiempo, estaríamos reivindicándonos, construyendo con responsabilidad el porvenir para nuestro relevo generacional.

g) Cobertura universal en telecomunicaciones
Es un hecho que por el predominio de intereses personales y de grupos, el avance del país en materia de telecomunicaciones ha sido insuficiente. Por ejemplo, Internet, símbolo de la modernidad en el mundo actual, en México es caro y lento y de cobertura limitada. Es común ver a personas del campo y de la ciudad subiéndose a las lomas o colocándose en sitios específicos para buscar la ansiada señal. La comunicación por Internet es únicamente posible, y no sin problema, en las capitales de los estados y en las cabeceras municipales; y ni siquiera en todas partes, pues en Oaxaca no existe Internet en la mayoría de los 570 municipios. En ese estado solo hay comunicación por telefonía móvil en 235 municipios (menos de la mitad de 570 municipios de la entidad), aunque a nivel nacional tampoco la cobertura es completa, abarca, si acaso, 30 por ciento del territorio del país.

Para enfrentar semejante atraso, el Estado debe intervenir con determinación porque está de por medio el progreso nacional. Comunicar es estratégico para el desarrollo. En consecuencia, nos comprometemos a comunicar al país con Internet de banda ancha y a utilizar, con ese propósito, la infraestructura de la Comisión Federal de Electricidad. Las redes eléctricas servirán para llevar la fibra óptica hasta el más apartado rincón del país, hasta la comunidad más alejada. Aunque no descartamos explorar el uso de otras tecnologías que nos permitan llevar la señal a sitios remotos, lo esencial es que este servicio permitirá apoyar la educación, la cultura, la salud y el bienestar y, al mismo tiempo, el Internet en todo el país nos ayudará a garantizar el derecho de los mexicanos a estar informados. En carreteras, plazas, escuelas, hospitales y en instalaciones públicas, la señal de Internet se recibirá sin costo alguno, será gratuita. El presupuesto para este programa se estima en 10,000 millones de pesos y en un año habrá cobertura en todo el territorio nacional.

Desde luego, esto no implica cancelar los derechos adquiridos por los concesionarios de los servicios de telecomunicaciones. No está de más aclarar que no se expropiará Televisa, como se difundió perversamente en 2006. Todos los medios de comunicación serán respetados. Se entregarán nuevas concesiones de radio y televisión, todas las que sean técnicamente posibles. Habrá plena libertad de expresión y nunca más se conspirará desde el poder para cancelar programas como los de José Gutiérrez Vivó y Carmen Aristegui. Nadie será censurado o perseguido por su manera de pensar; haremos valer el derecho a disentir: en otras palabras, marcaremos la diferencia, en los hechos, entre autoritarismo y democracia.

4. Estado de bienestar

Es obvio que no puede distribuirse una riqueza inexistente. No puede repartirse lo que no se tiene. Pero tampoco debe sostenerse, en serio y con honestidad, que si se acumula capital en unas cuantas manos como por contagio se beneficia a todos.

Es una falacia pensar que el Estado no debe promover el desarrollo, o no buscar la distribución del ingreso, sino dedicarse en exclusiva a crear las condiciones que permitan a los inversionistas hacer negocios, pensando que los beneficios se derramarán automáticamente al resto de la sociedad.

Este criterio se aplicó en el porfiriato y ello condujo a la revolución. En ese tiempo se pensaba que el Estado solo debía garantizar el orden y no intervenir en el manejo de la economía para procurar el bienestar y la felicidad de los mexicanos porque, en otras palabras, era más eficiente la iniciativa privada para alcanzar el progreso y que bastaba con entregar concesiones, contratos y subvenciones, dar confianza y asegurar buenos dividendos a banqueros e inversionistas nacionales y, sobre todo, extranjeros.

Quizá la enseñanza mayor del modelo económico porfirista es que la apuesta por el progreso material sin justicia es una opción política inviable y condenada al fracaso. Su falla de origen consiste en pasar por alto que la simple acumulación de riqueza, sin procurar su equitativa distribución, produce desigualdad y graves conflictos sociales. Es falso que si les va bien a los de arriba necesariamente les irá bien a los de abajo, como si la riqueza fuese similar a la lluvia que primero moja las copas de los árboles y después gotea y salpica a los que están debajo de las ramas.

El fracaso actual de esta política se advierte por todas partes y en las variadas y lamentables carencias de la gente. La decisión de poner al Estado solamente a procurar la prosperidad de unos pocos, con el eufemismo de alentar el mercado, empobreció como nunca a los mexicanos, profundizó la desigualdad y produjo la actual descomposición social.

La pobreza en México se encuentra por todos lados. Está presente en los estados del norte, donde antes no había tanta. Es notoria en las colonias populares de grandes concentraciones urbanas y de las ciudades fronterizas; en el campo de Zacatecas, Nayarit y Durango; predomina en el centro, en el sur y en el sureste del país, sobre todo en comunidades indígenas. En todas partes la gente carece de oportunidades de empleo y se ve obligada a emigrar, abandonando a sus familias, costumbres y tradiciones. La producción de autoconsumo, los programas de apoyo gubernamental y la ayuda que reciben quienes tienen familiares en el extranjero solo alcanza para sobrevivir. No hay para comer bien, para transporte, para atención médica, para el gas o la electricidad y mucho menos para la diversión y la cultura.

Los programas sociales de los gobiernos de Salinas, Zedillo, Fox, Calderón y Peña Nieto —léase la secuencia Solidaridad, Progresa, Oportunidades y Prospera— han sido meros paliativos de la pobreza, cuando no mecanismos perversos de control y manipulación con fines electorales.

Según el Banco Mundial, unos 60 millones de mexicanos son pobres, de los cuales, 22.3 millones son extremadamente pobres, es decir, no les alcanza ni para cubrir sus necesidades alimentarias. México se ha convertido en uno de los países con mayor porcentaje de pobreza en el continente, y el tercero o cuarto en desigualdad en la tierra. Aunque duela decirlo, entre los olvidados y oprimidos, los más pobres son los cerca de 10 millones de indígenas de las distintas culturas de México.

En la multicitada *Desigualdad extrema en México,* de Gerardo Esquivel Hernández, se asegura que, mientras que el 38 por ciento de la población de habla indígena "vive en la pobreza extrema, el porcentaje correspondiente para la población total es inferior a 10 por ciento. Esto implica que la tasa de pobreza extrema para la población hablante indígena es casi cuatro veces más alta que la de la población en general. A eso agreguemos pobreza moderada y encontraremos que tres de cada cuatro hablantes de lengua indígena son pobres. El dato contrasta notablemente con lo que ocurre con la población en general, en donde a menos de la mitad de la población se le considera pobre."[34]

En realidad, el Estado no solo ha dejado de impulsar el crecimiento económico y la creación de empleos, sino que ha incumplido con su responsabilidad social de garantizar el bienestar de los mexicanos. En todo el periodo neoliberal se dejaron de construir obras de infraestructura para el desarrollo, centros de salud, hospitales, escuelas y universidades. Si bien el 3 de febrero de 1983 se estableció en la Constitución el derecho a la salud, han pasado más de tres décadas y todavía la mitad de la población no tiene acceso a la seguridad social. Resulta paradójico: desde que el derecho a la salud se elevó a rango constitucional los recursos públicos dedicados a este rubro disminuyeron en términos reales en vez de aumentar; es decir, lo que se consiguió en la ley se eliminó en el presupuesto. Una de las manifestaciones más dolorosas del abandono y de la desigualdad social es, precisamente, la falta de equidad en el acceso a los servicios de salud. En las zonas rurales de estados como Chiapas, Guerrero o Oaxaca la mortalidad entre niños pequeños llega a ser hasta cuatro veces mayor que en Nuevo León o en la Ciudad de México.

En el nivel nacional, casi 4 millones de personas habitan en casas con pisos de tierra, 9.7 millones ocupan viviendas que carecen de drenaje y de servicios sanitarios y casi 10 millones no tienen acceso al agua potable. En el medio rural hay condiciones de hacinamiento en casi la mitad de las viviendas. Lo peor de todo es que hay hambre y desnutrición: 28 millones de mexicanos padecen inseguridad alimentaria de moderada a severa. Las entidades con los niveles más graves son Chiapas, Oaxaca, Veracruz, Puebla, Hidalgo, Yucatán y Campeche. En Guerrero la situación es extrema.

En cuanto a la educación, el rezago es impresionante: la población de 15 años o más sin educación básica alcanza 40 por ciento y el analfabetismo es de 5.5 por ciento, pero en estados con mayor grado de marginación como Oaxaca, Guerrero y Chiapas, llega a ser hasta de 14.8 por ciento. La "reforma educativa" no resuelve el grave problema de la falta de oportunidades para estudiar ni el de la mala calidad de la enseñanza. Simplemente busca reducir a los maestros a la indefensión laboral para transferir a los padres el costo de la educación, empezando por el mantenimiento de los planteles escolares, creando así las condiciones para que el gobierno incumpla y desatienda su obligación de garantizar educación pública y gratuita para todos.

No es cierto, como lo pregonan los voceros del régimen, que la educación preocupe a los políticos corruptos y a los traficantes de influencias porque, en los hechos, no hacen nada para enfrentar el fondo del problema: el hambre y la pobreza. Tampoco les importa mejorar la infraestructura educativa. Según datos recientes, 48% de las escuelas públicas no tiene drenaje; 31 por ciento no cuenta con agua potable; 12.8 por ciento no tiene baños o sanitarios y 11.2 por ciento no tiene electricidad.[35]

En realidad, la "reforma educativa" trata de someter a los maestros con el pretexto de las evaluaciones y avanzar en la privatización de la educación. Es falso, además, que los maestros se opongan a ser examinados con fines pedagógicos, como se ha repetido muchas veces de manera tendenciosa; su rechazo, como lo han expresado en innumerables ocasiones, es a presentar exámenes previa renuncia a la plaza de base y a la antigüedad que han acumulado para quedar a expensas de decisiones discrecionales y de la arbitrariedad.

Si bien es cierto que el problema fundamental de la educación básica en México no es la cobertura sino el bajo nivel de aprendizaje y la deserción escolar, fenómenos inducidos por la pobreza y el hambre, en educación media superior y superior hay un enorme déficit de pupitres, aulas, planteles y universidades. Es en esos niveles en donde más claramente puede observarse el carácter excluyente del modelo neoliberal. En el periodo 1992-2013 la matrícula de estudiantes de nivel medio superior en el periodo 1992 a 2013 creció en promedio 5 por ciento anual y el 46 por ciento de la población de 15 a 19 años de edad, quedó excluido de la educación.

Todavía más dramático es lo sucedido en el nivel superior. En México, solo tres de cada diez jóvenes entre los 18 y los 24 años tienen acceso a la educación superior, 29.1 por ciento. La Unesco ha establecido como parámetro de referencia para este nivel entre 40 y 50 por ciento. Esto significa que estamos obligados a duplicar la oferta educativa en el curso de los próximos años, si no queremos que el país se siga hundiendo en el atraso.

Es indispensable, pues, cambiar la política en esta materia y hacer efectivo el derecho a la educación: no permitir la exclusión de nadie y garantizar 100 por ciento de cobertura. Repito: vamos a eliminar el pretexto de los exámenes de admisión; el Estado debe garantizar el derecho a la educación pública, gratuita y de calidad en todos los niveles.

En los últimos 30 años, como consecuencia del abandono de la educación superior por parte del Estado, la matrícula de escuelas privadas pasó de 16 a 37 por ciento del alumnado total. Es preciso dejar claro que no estamos en contra de la educación privada, sino de la descalificación y el abandono de la educación pública. El mercado puede atender a quienes tienen dinero para pagar una universidad privada, pero el Estado está obligado a garantizar el derecho de todos a la educación.

Si la política educativa sigue el mismo derrotero de los últimos años —de poner la educación en manos del mercado—, continuará creciendo el número de rechazados y excluidos porque el problema principal no es el contenido y la calidad de la educación, sino la imposibilidad económica de tener acceso a la educación. Consideremos que por muy bajo que sea el pago de colegiaturas, este oscila entre 3,000 y 5,000 pesos al mes, y que 38.9 por ciento de la población económicamente activa recibe ingresos menores a 4,206 pesos mensuales. Es evidente que, detrás

de esta desatención por parte del Estado a la educación
pública en los niveles medio superior y superior hay una
concepción y una estrategia perversa. El propósito deli-
berado es que la educación deje de ser un factor de mo-
vilidad social y se convierta en un simple instrumento
para sostener y dar legitimidad a un proyecto basado
en el afán de lucro y la desigualdad. En otras palabras,
la educación se ha venido convirtiendo en un privilegio y
a ello se debe, en mucho, la actual descomposición social.

Por el bien de todos primero los pobres
Vuelvo a proclamar: por convicción, humanismo y por
el bien de todos, primero los pobres. Solo con una sociedad justa lograremos el renacimiento de México. El país
no será viable si persisten la pobreza y la desigualdad.
Es un imperativo ético, pero no solo eso, sin justicia no
hay garantía de seguridad, tranquilidad y paz social. La
fraternidad no solo tiene rostro humano, sino que es
la manera más eficaz para garantizar la gobernabilidad,
el Estado de derecho y la armonía social. Nada justifica la
pobreza en que viven millones de mexicanos porque esta
no es producto de la fatalidad o del destino. El ciclo neoliberal ha sido una verdadera fábrica de pobres y la pobreza se ha reproducido y agravado ante la ausencia de un
Estado con sentido y visión social.

Debemos reconocer, a contrapelo del dogma económico, que en cualquier país el Estado es fundamental
para el bienestar de la población, y que en una nación

como la nuestra, con tantas desigualdades, resulta indispensable para la supervivencia de muchos. Dejemos a un lado la hipocresía neoliberal: al Estado le corresponde atemperar las desigualdades sociales. No es posible seguir desplazando la justicia social de la agenda de gobierno. No es jugar limpio utilizar al Estado para defender intereses particulares y procurar desvanecerlo cuando se trata del beneficio de las mayorías. No se vale defender la facultad del Estado para rescatar instituciones financieras en quiebra y considerarlo una carga cuando se trata de promover el bienestar de los más desfavorecidos.

El Estado debe alentar con decisión el desarrollo social en dos vertientes: por un lado, impulsar el crecimiento económico y la creación de empleos para mejorar los ingresos de la gente. Ello redundará en mejor educación, salud y calidad de la vida en general. Por otro lado, en tanto se logra alcanzar ese nivel de desarrollo, y dada la situación de pobreza en que vive la mayoría de los mexicanos, el Estado debe garantizar satisfactores básicos de bienestar.

Nuestra propuesta consiste en establecer un Estado de Bienestar, igualitario y fraterno, para garantizar que los pobres, los débiles y los olvidados encuentren protección ante incertidumbres económicas, desigualdades sociales, desventajas y otras calamidades, donde todos podamos vivir sin angustias ni temores. El Estado de Bienestar igualitario y fraterno tendrá como ideal la protección de las personas a lo largo de la vida, desde la cuna hasta la tumba, haciendo realidad el derecho a la alimentación, al trabajo, la salud, la educación y la cultura, la vivienda y la seguridad social. La inversión, que no gasto, para hacer realidad esta propuesta implica destinar al desarrollo social, en su conjunto, 50,000 millones de pesos adicionales por año.

De manera puntual, planteo lo siguiente:

▶ Erradicar el hambre y establecer el derecho constitucional de todos a la alimentación.

▶ Reconocer el trabajo como una realización del ser humano, con base en el respeto a los derechos de los trabajadores, la creación de empleos y la apertura de opciones satisfactorias para quienes se incorporan a la vida laboral.

▶ Cuidar la naturaleza y preservar nuestros recursos y patrimonio para asegurar la reproducción de la vida en la tierra que habitamos.

▶ Cultivar la memoria, la identidad y la voluntad como fuerzas del cambio fundamental de la vida de todos los habitantes del país.

▶ Garantizar el ejercicio de plenos derechos para las mujeres, los niños y los jóvenes, los discapacitados, los adultos mayores y las personas de la diversidad sexual, particularmente con respecto a su integridad, seguridad y bienestar.

▶ Atender y cuidar a la población en condiciones vulnerables y de riesgo en particular; apoyar a las personas con discapacidad, a las madres solas y a los migrantes.

▸ Garantizar el ejercicio pleno del derecho a la educación y a la salud como derechos universales, gratuitos y de calidad.

▸ Establecer la pensión universal para todos los adultos mayores y un sistema de jubilaciones solidario y redistributivo: aumentar al doble la pensión que reciben actualmente y entregar este apoyo también a jubilados y pensionados del IMSS y del ISSSTE.

▸ Reconocer la autonomía de los pueblos y comunidades indígenas para que puedan preservar su identidad y cultura, enriquecer su vida colectiva y preservar los recursos que se encuentran bajo su cuidado; incorporar los Acuerdos de San Andrés Larráinzar al marco constitucional sin mutilaciones ni adulteraciones.

▸ Promover el derecho a una vivienda digna. En la actualidad son millones los mexicanos que viven en asentamientos precarios que no cuentan con los servicios y equipamientos mínimos, donde los tiempos y costo de transporte para acceder al trabajo, la educación y el abasto son elevados. Por eso se implementará un programa de construcción de vivienda popular que garantice este derecho y genere miles de empleos.

▸ El derecho a la ciudad y a la vivienda involucra aspectos fundamentales del hábitat como la

seguridad jurídica, la disponibilidad de infraestructura, servicios y equipamientos urbanos, de
salud, educación y trabajo.

Asimismo, daremos toda la importancia a tres discipli-
nas que siempre han quedado relegadas o se les considera como añadidos en los planes gubernamentales:
la ciencia, la cultura y el deporte. En 2012 propusimos la
creación de la Secretaría de Cultura que ya funciona. Se
debe hacer otro tanto para la ciencia, la tecnología, la investigación y la innovación, así como para el deporte,
cuya atención es urgente y fundamental. Como en casi
todo lo demás, el atraso del país en materia deportiva
es evidente. En los pasados Juegos Olímpicos de Río de
Janeiro, Brasil, nuestro país tuvo un bajo desempeño:
ocupó el lugar 61 en la obtención de medallas, mientras
se presume que somos la décima economía más grande del mundo. En lo que tenemos los primeros lugares
es en corrupción, impunidad, desigualdad, emigración y
violencia.

La educación no es un privilegio, es un derecho
Por considerar que la educación significa equidad, que
fortalece el espíritu, mejora la calidad de vida, impul-
sa el desarrollo y hace posible la democracia, explico un
poco más sobre esta actividad que impacta tanto en lo
individual como en lo colectivo. Concretamente, sostengo que el derecho a la educación se traduce en que toda

persona en edad, condiciones y voluntad para aprender, debe tener un espacio libre, digno y seguro para estudiar. Asimismo, creo que es responsabilidad del Estado la universalización del derecho a la educación en todos los niveles, desde preescolar hasta la universidad. Ello implica el compromiso de asegurar la gratuidad, disponer de infraestructura y materiales educativos suficientes, pero también de dotar a los estudiantes de los apoyos en transporte, uniformes, alimentos, becas y, en caso necesario, albergues para que ninguna condición económica ni familiar, de distancia geográfica o de mal funcionamiento del sistema educativo impida o dificulte el acceso, permanencia y egreso satisfactorio en cada nivel escolar.

Debemos erradicar para siempre el analfabetismo y asegurar que todos los que deseen culminar sus estudios básicos puedan hacerlo. Debemos dotar de bibliotecas públicas, comunitarias y familiares a todos los habitantes del país. La base de la estabilidad democrática es la existencia de una población informada, activa y participante en las decisiones públicas fundamentales. El derecho a la lectura es indispensable para garantizar que los 40 millones de mexicanos que hoy no han tenido acceso a las letras o han debido abandonar su educación por razones económicas y de trabajo, cumplan su aspiración de disponer de las herramientas básicas que les permitan ejercer su ciudadanía. Al Estado le corresponde garantizar el ejercicio de este derecho, así como asegurar que los millones de jóvenes que hoy están excluidos de las oportunidades de estudio y trabajo tengan en la educación una esperanza real para resolver de manera digna sus necesidades y aspiraciones.

Debe terminar la segregación y exclusión que actualmente padece la educación indígena y rural. Es urgente que los pueblos originarios, parte definitiva de nuestra identidad, cuenten con todos los elementos para reafirmar su lengua, organización y cohesión colectiva, su cultura y la autonomía que requieren para desplegar sus horizontes de desarrollo. El acceso al conocimiento no debe ser visto como un paso hacia la subordinación de las decisiones que tomen otros, y mucho menos como el primer paso al desarraigo. La educación indígena y rural deberá ser ejemplo en el país de cómo los conocimientos y saberes ancestrales pueden ser la base para la recuperación de nuestros valores, de nuestra memoria y de nuestra sabiduría como pueblo y como nación.

Debemos erradicar todo privilegio y el uso privado y faccioso de los recursos públicos. Los maestros del país deben tener la garantía de que será respetado su derecho al trabajo en condiciones dignas, con un salario suficiente y prestaciones de ley. Junto con los padres y madres de familia, serán los vigilantes de que se aplique en todos los centros de educación públicos la gratuidad de la educación y se eviten abusos de cualquier naturaleza sobre los estudiantes. Tendrán la seguridad de que se respetará su derecho a la libertad de asociación y expresión, así como a la libre elección de sus dirigentes. Para revertir el estado actual del sistema educativo, será indispensable un proceso de formación continua, la participación magisterial en una reforma a fondo de los planes y programas de estudio, y el mejoramiento sustantivo de las condiciones de trabajo en las escuelas normales y universidades pedagógicas.

Debemos asegurar el acceso y la permanencia en el sistema educativo a las personas con alguna discapacidad, y superar el régimen de segregación a que las condenan hoy los sistemas de *atención múltiple*, que no garantizan su integración ni el desarrollo de su potencial.

Debemos desplegar e intensificar la educación física, deportiva y artística se despliegue e intensifique en todos los centros educativos del país para formar, enlazar y multiplicar las capacidades corporales, intelectuales, emocionales y creativas de los estudiantes.

Debemos incrementar sustancialmente el presupuesto para la investigación científica en el país, en particular el que se destina a los centros públicos de educación superior y promover la producción y el intercambio de conocimientos que nos permitan la preservación y el enriquecimiento de nuestro patrimonio histórico y cultural, tangible e intangible; procurar el desarrollo de la ciencia básica y aplicada; usar y proteger en forma sustentable nuestros recursos naturales estratégicos, incluyendo la tierra, el agua y el medio ambiente; debemos impulsar en general, todo lo que nos conduzca a la humanización del saber, la defensa de nuestra identidad y soberanía y la convivencia pacífica.

5. Sociedad segura

En un Estado democrático, la tarea de la seguridad pública es fundamental para garantizar la vida, la integridad física, las propiedades y la tranquilidad de toda la población, y no solo de minorías privilegiadas. La actual crisis de seguridad pública y la violencia desatada son producto de la equivocada política de combate al narcotráfico que emplea solo medidas coercitivas. La crisis de seguridad que aflige a México es el resultado de una conjunción de factores: pobreza, injusticia y exclusión, que se suman a la ineficiencia de las autoridades y a la corrupción en los cuerpos policiacos y el aparato judicial.

El país no debe seguir permitiendo que se cometan actos de impunidad desde el poder, y el gobierno debe investigar todas las violaciones a los derechos humanos. No deben ocurrir nunca más agresiones infames como el asesinato y la desaparición de jóvenes normalistas de Ayotzinapa ni como las matanzas de Apatzingán, Tanhuato, Ostula, Tlatlaya, ni atrocidades como la desaparición forzada de personas, asunto gravísimo, cometidas por representantes del Estado o por individuos protegidos por ellos.

Enfatizo que la actual situación de inseguridad y violencia es producto, en buena medida, de la desatención a los jóvenes, a los que se les ha cancelado el futuro pues no han tenido oportunidades de trabajo o de estudio, y solo les han dejado el camino de las conductas antisociales.

Es heroico lo que han hecho, obligados por la necesidad, millones de jóvenes que han emigrado del país en los últimos tiempos; debido a la falta de oportunidades en sus lugares de origen, han optado por cruzar la frontera, arriesgándolo todo para salir adelante. Sin embargo, otros, que se han quedado, han sido tentados para formar parte de la delincuencia organizada. Son muchos los testimonios de jóvenes que están conscientes del riesgo que corren por tomar esa decisión sin dejar de expresar que prefieren "esa vida" a padecer marginación y pobreza. Es espeluznante saber que en las filas de la delincuencia predominan los jóvenes; la mayoría de los 159,472 asesinados durante el gobierno de Calderón y en lo que va del de Peña (hasta agosto de 2015, sin incluir los 26,000 desaparecidos, según cifras oficiales), han sido jóvenes de familias pobres y desintegradas.

Sin embargo, los gobiernos neoliberales y las élites del poder ni siquiera aceptan que la pobreza y la falta de oportunidades de empleo y bienestar originaron el presente estallido de odio y resentimiento. Y, como es obvio, tampoco les importa atender las causas del problema. Por el contrario, en una especie de enajenación autoritaria pretenden resolverlo con medidas coercitivas, enfrentando la violencia con la violencia, como si el fuego se pudiese apagar con el fuego y con la absurda pretensión de corregir el mal sin hacer el bien.

A este pensamiento hipócrita y conservador debemos oponer el criterio de que la inseguridad y la violencia solo pueden ser vencidas con cambios efectivos en lo social y con la influencia moral que se pueda ejercer sobre la sociedad en su conjunto. Para tener una sociedad más humana no hay nada mejor que combatir la desigualdad y evitar la frustración y las trágicas tensiones que esta provoca. La solución de fondo, la más eficaz, pasa por enfrentar el desempleo, la pobreza, la desintegración familiar y la pérdida de valores y por favorecer la incorporación de los jóvenes al trabajo y al estudio.

Además de atender las causas de fondo es necesario erradicar la corrupción en corporaciones policiacas o militares, ministerios públicos, juzgados y en otras instancias de seguridad pública y de procuración e impartición de justicia; procurar un mayor profesionalismo en el combate a la delincuencia y priorizar en él la inteligencia por sobre la fuerza, y actuar con coordinación y perseverancia. Propongo cuatro acciones específicas que deben aplicarse para devolverle la tranquilidad al pueblo y serenar el país.

▶ Combatir y erradicar la corrupción en todas las instancias gubernamentales. La corrupción es lo que más fomenta y hace proliferar bandas del crimen organizado. Es un hecho que muchos delitos no se podrían consumar sin el contubernio de funcionarios públicos. El narcotráfico a gran escala, la fuga de capos de los penales, el robo de gasolinas, el lavado de dinero, el tráfico de armas y varios otros ilícitos se realizan invariablemente con la complicidad de autoridades. De ahí que debe impedirse por todos los medios la asociación entre delincuencia y autoridad. Se ha de definir bien la frontera entre una cosa y la otra, y no permitir el predominio de complicidades y componendas. Cero impunidad.

▶ Es importante la especialización de los cuerpos de seguridad encargados de combatir a la delincuencia. Combatir al crimen organizado demanda, repito, más inteligencia que fuerza.

▶ Habrá plena coordinación al interior del gobierno para enfrentar el flagelo de la violencia. No se puede hacer frente a la delincuencia organizada con un sistema de seguridad pública nacional sin coordinación. Cuando me desempeñé como jefe de Gobierno en la Ciudad de México, se crearon 70 coordinaciones territoriales en las que actuaban de manera conjunta el ministerio público, el jefe de sector de la policía, el juez cívico y representantes del jefe de gobierno, de la autoridad delegacional y de los ciudadanos de las demarcaciones correspondientes.

Todos los días a las 6 de la mañana, incluidos sábados y domingos, se reunían el jefe de gobierno, el procurador, el secretario de gobierno, el de seguridad pública, el consejero jurídico y otros funcionarios del gabinete de seguridad y procuración de justicia, para atender el reporte o "parte" de lo sucedido en las últimas 24 horas y tomar decisiones. De esa misma manera lo hacían los servidores públicos responsables de atender este asunto en las coordinaciones territoriales.

A partir de esta experiencia, que arrojó buenos resultados, funcionarán, con apego a la ley de seguridad pública nacional, los consejos estatales de coordinación; es decir, todos los días desde muy temprano se reunirán para compartir información y tomar acuerdos, el gobernador, el representante de la secretaría de Gobernación, de la Procuraduría General de la República, el comandante de la zona militar y naval, si existiera, el secretario de Gobierno, de Seguridad, el fiscal o procurador del estado, y se invitará al presidente del Tribunal de Justicia y a integrantes de la sociedad civil.

▸ Se sumarán el Ejército y la Marina al esfuerzo de garantizar la seguridad pública. Actualmente, el objetivo fundamental de las fuerzas armadas es salvaguardar la integridad del territorio y preservar la soberanía de México. Sin embargo, en las circunstancias actuales es indispensable que a este propósito de la defensa nacional se agregue el de la seguridad pública interior. No debe desaprovecharse personal, experiencia e instalaciones para garantizar a los mexicanos el derecho a vivir sin miedos ni temores. Los tiempos han cambiado y es otra nuestra realidad. El gobierno democrático de México defenderá la soberanía con autoridad moral y política. El distintivo será la paz, no la guerra. En el remoto caso de una agresión armada de un país extranjero, no solo será el Ejército quien la enfrente, sino amplios sectores del pueblo, como ha sucedido siempre en la historia de México. Se erradicará por completo la represión y nadie será torturado, desaparecido o asesinado por corporaciones policiacas o militares. El Ejército y la Armada se convertirán en instituciones de protección a los mexicanos. Específicamente se analizará colegiadamente la pertinencia de crear una Guardia Nacional con el apoyo de los 220,000 soldados y 30,000 marinos que en la actualidad permanecen organizados bajo el mando de oficiales del Ejército y de la Marina, en regiones, zonas, batallones y otros agrupamientos menores. En suma, se trata de aprovechar el conocimiento, la disciplina de esta fuerza, así como todos sus recursos materiales (vehículos, cuarteles e instalaciones), con el propósito de garantizar la seguridad de los mexicanos y serenar el país.

Sostengo que sin atender con eficacia la demanda de que haya tranquilidad, resultaría ociosa cualquier nueva propuesta de nación. Pero también reafirmo que no será principalmente con medidas coercitivas como enfrentaremos el grave problema de la inseguridad y la violencia. Suponer que el deterioro de las relaciones sociales se combate solo mediante el uso de la fuerza pública y de la violencia del Estado es rotundamente falso y muy peligroso, como se ha constatado. La ley debe aplicarse, sin duda, pero no por ello disminuirá la delincuencia y cederá la violencia. Sin reformas sociales y sin el fortalecimiento de valores no será posible frenar el deterioro de la sociedad.

Estoy convencido de que el combate a la delincuencia es más que un asunto de policías y ladrones. La solución de fondo, la más eficaz, y probablemente la menos cara, es combatir el desempleo, la pobreza, la desintegración familiar, la pérdida de valores y la ausencia de alternativas. Por eso, para garantizar la seguridad pública es indispensable el desarrollo social. Termino recordando que la crisis de inseguridad y de violencia ha sido provocada, también, por el estilo de vida inducido por la cultura del grupo dominante, donde lo fundamental es el dinero, lo material y lo superfluo. Por eso no vemos otra salida que no sea la de renovar, de manera tajante, la vida pública de México; y ello implica, sobre todo, impulsar una nueva corriente de pensamiento sustentada en los valores de la dignidad, la honestidad y el amor a nuestros semejantes.

6. Una República fraterna

Como ya he abordado con amplitud los temas de honestidad y justicia, ahora expreso el fundamento para hacer posible la existencia de una república amorosa, concepto que he venido definiendo y delineando en años recientes. En mi opinión, la decadencia que padecemos se ha producido tanto por la falta de oportunidades de empleo, estudio y otros satisfactores básicos, como por la pérdida de valores culturales, morales y espirituales. Por eso mi propuesta para lograr el renacimiento de México tiene el propósito de hacer realidad el progreso con justicia y, al mismo tiempo, auspiciar una manera de vivir sustentada en el amor a la familia, al prójimo, a la naturaleza, a la patria y a la humanidad.

Los seres humanos necesitan bienestar. Nadie puede ser feliz sin trabajo, alimentación, salud, vivienda o cualquier otro satisfactor básico. Un hombre en la pobreza piensa en cómo sobrevivir antes de ocuparse de tareas políticas, científicas, artísticas o espirituales. Pero el sentido de la vida no debe reducirse únicamente a la obtención de lo material, a lo que poseemos o acumulamos. Una persona sin apego a un código de principios no necesariamente logra la felicidad. En algunos casos triunfar a toda costa y en forma inescrupulosa conduce a una vida vacía y deshumanizada. De ahí que deberá buscarse siempre el equilibrio entre lo material y lo espiritual: procurar que a nadie le falte lo indispensable para la sobrevivencia y cultivar los mejores sentimientos y actitudes hacia nuestros semejantes.

Cuando hablo de una república amorosa, con dimensión social y grandeza espiritual, propongo regenerar la vida pública de México mediante una nueva forma de hacer política, aplicando en prudente armonía tres ideas rectoras: la honestidad, la justicia y el amor. Honestidad y justicia para mejorar las condiciones de vida y alcanzar la tranquilidad y la paz pública; y el amor para promover el bien y lograr la felicidad. Como hemos sostenido más de una vez, la crisis actual se debe no solo a la falta de bienes materiales sino también a la pérdida de valores. De ahí que sea indispensable auspiciar una nueva corriente de pensamiento para promover un paradigma moral del amor a la familia, al prójimo, a la naturaleza y al país.

La descomposición social y los males que nos aquejan no solo deben contrarrestarse con desarrollo y bienestar y medidas coercitivas. Las acciones para mejorar en lo material son importantes, pero no bastan: es preciso también fortalecer los sentimientos humanitarios. José Martí, en el prólogo al libro *La decadencia de la mentira. La importancia de no hacer nada,* de Oscar Wilde, dice que le parecían "abominables los pueblos que, por el culto de su bienestar material, olvidan el bienestar del alma, que aligera tanto los hombros humanos de la pesadumbre de la vida, y predispone gratamente al esfuerzo y al trabajo".[36]

A partir de la reserva moral y cultural que todavía existe en las familias y en las comunidades del México profundo y apoyados en la inmensa bondad de nuestro pueblo debemos emprender la tarea de exaltar y promover valores individuales y colectivos. Es urgente revertir el actual predominio del individualismo por sobre los principios que alientan a hacer el bien en pro de los demás.

Sé que este es un tema muy polémico, pero creo que si la regeneración moral no se pone en el centro de la discusión y del debate no iremos al fondo del problema. Debemos convencer de la necesidad de impulsar cambios éticos para transformar México. Solo así podremos hacer frente a la mancha negra del individualismo, la codicia y el odio que nos ha llevado a la degradación progresiva como sociedad y como nación. Quienes piensan que este asunto no corresponde a la política olvidan que la meta última de la política es lograr el amor y hacer el bien porque en ello radica la verdadera felicidad. En 1776, la declaración de independencia de Estados Unidos planteó la búsqueda de la felicidad como uno de los derechos fundamentales de las personas y señaló que el garantizarlo era una de las funciones del gobierno. El artículo primero de la constitución francesa de 1793 establece que el fin de la sociedad es la felicidad común. El artículo 24 de nuestra Constitución de Apatzingán (1814) señala: "La felicidad del pueblo y de cada uno de los ciudadanos consiste en el goce de la igualdad, seguridad, propiedad y libertad. La íntegra conservación de estos derechos es el objeto de la institución de los gobiernos, y el único fin de las asociaciones políticas".

Desde el Antiguo Testamento hasta nuestros días, la justicia y la fraternidad han tenido un lugar preponderante en la ética social. En los primeros libros de la *Biblia* hay muchas referencias acerca del trato especial que deben recibir los débiles y oprimidos, por ejemplo, en cuanto al tributo que debían ofrecerle a Yahvé: "Cuando sus recursos no alcancen para una res menor, [el pecador] presentará [...] como sacrificio de reparación por su pecado, dos tórtolas o dos pichones [y] si no le alcanza para dos tórtolas o dos pichones, presentará como ofrenda suya por haber pecado, una décima de medida de flor de harina" (Levítico). Además, hay disposiciones de protección a los desfavorecidos: "Si prestas dinero a uno de mi pueblo, al pobre que habita contigo, no serás con él un usurero; no le exigirás interés" (Éxodo). También se dice: "No oprimirás a tu prójimo, ni lo despojarás. No retendrás el salario del jornalero hasta el día siguiente" (Levítico). Y, entre muchas otras prescripciones de índole social y moral, se lee: "No endurecerás tu corazón ni cerrarás tu mano a tu hermano pobre, sino que le abrirás tu mano y le prestarás lo que necesite para remediar su indigencia [...] No explotarás al jornalero humilde y pobre, ya sea uno de tus hermanos o un forastero que resida en tus ciudades" (Deuteronomio).

En el Nuevo Testamento se señala que Jesús de Nazaret manifestó con sus palabras y sus obras su preferencia por los pobres y los niños y para muchos Cristo es amor. En el Sermón de la Montaña dijo: "Bienaventurados los pobres porque de ellos será el reino de los cielos". Por pensar de esa manera los poderosos de entonces lo acusaron de agitador y "de rebelar al pueblo" (Lucas 23, 5). Esta dimensión ética y social se puede encontrar en las enseñanzas de iluminados, profetas, sabios y maestros de todas las religiones. Se atribuye a Confucio esta reflexión: "Cuando el corazón está sereno se cultiva la vida personal; cuando se cultiva la vida personal se regula la vida en el hogar; cuando se regula la vida en el hogar la vida de la nación está en orden y cuando la vida de la nación está en orden el mundo está en paz". Por su parte, Buda decía: "Si un hombre habla o actúa de mala fe, el dolor le seguirá. Si un hombre habla o actúa con un pensamiento puro, la felicidad le seguirá como una sombra que jamás le abandona".

Pero también estos preceptos de justicia y bondad son concebidos y practicados desde la antigüedad por no creyentes. Ha habido en la historia de la humanidad hombres inclinados a la filosofía y a la ciencia, como Aristóteles, quien sostenía: "La ciencia política emplea sus mejores esfuerzos en procurar que los ciudadanos posean cierto carácter, es decir, que sean buenos y estén capacitados para los actos nobles".

En los tiempos más recientes y en nuestro continente se sabe de revolucionarios, partidarios no solo de la justicia, sino de la bondad. Eduardo Galeano, en uno de sus últimos libros, *Los hijos de los días*, hace mención a un hombre ejemplar, Rafael Barrett quien "pasó más tiempo en la cárcel que en la casa, y murió en el exilio", y que solía repetir esta frase: "Si el bien no existe, hay que inventarlo". Y para no ir tan lejos, es cosa de leer las cartas que Ricardo Flores Magón dirigía desde la cárcel de Los Ángeles a su adorada María, su "dulce criatura". Este hombre anticlerical, íntegro, recto hasta el extremo, que solo pensaba en la justicia y en la revolución, aclara que "ser firme es cosa bien distinta a ser insensible", y escribió bellísimas cartas de amor en las cuales pedía a su amada que pasara por el callejoncito de fuera del penal, porque quería desde su celda, ver su "carita tan linda". También le dice: "La Agrupación de Chicago no nos defiende ni es para otra cosa que para defender a los amos. Nosotros somos pobres mexicanos. Esa es nuestra falta. Nuestra piel no es blanca y no todos son capaces de comprender que también debajo de una piel oscura hay nervios, hay corazón y hay cerebro". Pero no deja de mezclar su causa con el amor y le confiesa: "Yo no estoy conforme con mi incomunicación, porque no puedo hablar contigo. No, no estoy conforme ni lo estaré. No puedo suspirar a tu oído, mi amor, ni aspirar tu aliento ni ver de cerca tu carita encantadora... Cualquiera que me vea pensará que no sufro, es que sé mostrarme digno. No quiero dar motivo para la compasión de nadie". Es decir, a final de cuentas, en el sentido más amplio, como dice Silvio Rodríguez, "a un buen revolucionario solo lo mueve el amor".

Esta sensibilidad profunda es parte de la idiosin-
crasia de nuestro pueblo. Aquí vuelvo a recrear la con-
movedora historia que viví hace cuatro años, cuando
estuvo hospitalizado un familiar en el Instituto Nacional
de Enfermedades Respiratorias. Ahí, en el área de
Neumología, había un niño al que de cariño le decían
Chuchín. Nació a los seis meses de gestación y padecía una
enfermedad que requería de atención médica especializada y permanente. Nunca pudo comer sólidos porque tenía
una traqueotomía y lo alimentaban desde el estómago a
través de un aparato. No conoció la calle. Permaneció tres
años en el hospital. Sus padres son personas humildes de
Xochimilco. Pues bien, este niño fue tratado por todos los
trabajadores del INER con el amor que merecía. Me consta que lo adoraban afanadoras, trabajadoras sociales, en-
fermeras y enfermeros, doctoras y doctores, vigilantes y
directivos del Instituto. El Día del Niño, o de Reyes, cuando cumplía años, le celebraban con pastel, juguetes y re-
galos. Hasta que, lamentablemente, dejó de existir, contó
con el amor de todas y todos.

A esto me refiero cuando hablo de enaltecer estos
sentimientos y propagarlos. Además, repito, ya los tenemos: basta con darles su sitio y su importancia. Sin embargo, hay quienes sostienen que hablar de fortalecer los
valores espirituales es inmiscuirse en el terreno de lo religioso. La respuesta magistral a tal cuestionamiento la
aporta Alfonso Reyes en su *Cartilla Moral*: el bien no solo
es obligatorio para los creyentes, sino en general para

todas las personas; el bien no solo se funda en una re-compensa que el religioso espera recibir en el cielo, sino en razones que pertenecen a este mundo.

En una perspectiva laica y científica, una colectividad que no cuida y protege a sus integrantes más débiles se condena a sí misma al suicidio, porque debilita los lazos gregarios que la aglutinan y termina por establecer en su propio seno la ley de la sobrevivencia del más fuerte; de esa manera se coloca en el camino de la dispersión de sus miembros individuales y en la disolución.

En los pueblos de Oaxaca, por ejemplo, los miembros de la comunidad practican sus creencias religiosas y, al mismo tiempo, trabajan en obras públicas y en cargos de gobierno sin recibir salario o sueldo, motivados por el principio moral de que se debe servir a los demás, a la colectividad.

Luego entonces, el propósito es contribuir a la for-mación de mujeres y hombres buenos y felices, con la premisa de que ser bueno es el único modo de ser dicho-so. El que tiene la conciencia tranquila duerme bien y vive contento. Debemos insistir en que hacer el bien es el principal de nuestros deberes morales. El bien es una cuestión de amor y de respeto a lo que es bueno para to-dos. Además, la felicidad no se logra acumulando rique-zas, títulos o fama, sino mediante la armonía con nuestra conciencia, con nosotros mismos y con el prójimo.

La felicidad profunda y verdadera no puede basar-se únicamente en los placeres momentáneos y fugaces.

Estos aportan felicidad solo en el momento en que existen, pero si no se ha otorgado a la existencia propia un sentido adicional y trascendente, después de ellos queda el vacío de la vida, que puede ser terriblemente triste y angustioso. Cuando se pretende sustituir la entrega al bien con esos placeres efímeros puede suceder que estos conduzcan a los vicios y a la corrupción y que aumente más y más la infelicidad. En consecuencia, es necesario concentrarnos en hacer el bien, en el amor y en armonizar los placeres que ayudan a aliviar las tensiones e insatisfacciones de la vida. José Martí decía que el autolimitarnos, la doma de nosotros mismos, forja la personalidad, embellece la vida y da felicidad. Pero en caso de conflicto o cuando se tiene que optar, la inclinación por el bien ha de predominar sobre los placeres momentáneos. Por eso es muy importante una elaboración libre y personal, sobre lo que constituye el bien para cada uno de nosotros, según sean nuestra manera de ser y de pensar, nuestra historia vital y nuestras circunstancias sociales.

Sin embargo, existen preceptos generales que son aceptados como fuente de la felicidad humana. Reyes, en su *Cartilla Moral*, los aborda desde el más individual hasta el más general, desde el más personal hasta el más impersonal. Podemos imaginarlos, escribe, como una serie de círculos concéntricos; comenzamos por el interior y vamos tocando otro círculo más amplio. Según Reyes, son seis preceptos básicos los que forman parte del código del bien: el respeto a nuestra persona en cuerpo y alma; el respeto a la familia; el respeto a la sociedad humana en general, y a la sociedad en particular; el respeto a la patria; el respeto a la especie humana; y el respeto a la naturaleza que nos rodea.

Mucho antes, León Tolstói, en su libro *Cuál es mi fe*, señalaba cinco condiciones para la felicidad terrenal admitidas generalmente por todo el mundo: el poder gozar del cielo, del sol, del aire puro, de toda la naturaleza; el trabajo que nos gusta y hemos elegido libremente; la armonía familiar; la comunión libre y afectuosa con todas las personas; la salud y la muerte sin enfermedad.

Por supuesto que hay otros preceptos que deben ser exaltados y difundidos: el apego a la verdad, la honestidad, la justicia, la austeridad, la ternura, el cariño, la no violencia, la libertad, la dignidad, la igualdad, la fraternidad y la verdadera legalidad. También deben incluirse principios y derechos de nuestro tiempo, como la no discriminación, la diversidad, la pluralidad y el derecho a la libre manifestación de las ideas y la soberanía personal. Ha de admitirse que en nuestras familias y pueblos existe una reserva moral derivada de nuestras culturas, forjadas en la confluencia de distintas civilizaciones y, en particular, de las culturas mesoamericanas.

En suma, estos fundamentos para una república amorosa deben convertirse en un código del bien. De ahí que mantengamos el compromiso de convocar con este propósito a la elaboración de una constitución moral a especialistas en la materia: filósofos, psicólogos, sociólogos y antropólogos, así como a todos aquellos que tengan algo que aportar al respecto: ancianos venerables de las comunidades indígenas, maestros, padres y madres de familia, jóvenes, escritores, poetas, mujeres, empresarios, defensores de la diversidad y de los derechos humanos, practicantes de diversas religiones, librepensadores y ateos.

Una vez elaborada esta constitución moral vamos a fomentar valores por todos los medios posibles. Los contenidos serán transmitidos en las escuelas, en los hogares y a través de impresos, radio, televisión y redes sociales. Por ejemplo, a todos los adultos mayores que tendrán garantizado su derecho a una pensión justa, se les convocará a participar, de manera voluntaria, para destinar un poco de su tiempo a dar consejos sobre valores culturales, cívicos y espirituales a sus hijos, nietos y otros miembros de la familia.

En fin, nuestro propósito no solo es frenar la corrupción política y moral que nos está hundiendo como sociedad y como nación, sino también establecer las bases para una convivencia futura sustentada en el amor y en hacer el bien para alcanzar la verdadera felicidad.

X. CÓMO VISLUMBRO EL 2024

Si triunfamos en el 2018 y llevamos a cabo los cambios que proponemos, a finales del sexenio, es decir, en 2024, habrá en la sociedad mexicana en su conjunto un nivel de bienestar y un estado de ánimo completamente distinto al actual. Esta nueva circunstancia de menos desempleo y pobreza será el fruto obtenido por la aplicación de una nueva política económica con desarrollo, seguridad y fortalecimiento de valores culturales, morales y espirituales.

En el terreno de lo material, luego de crecer a una tasa promedio anual de 4 por ciento durante el sexenio, estaremos logrando superar el resultado del periodo neoliberal, pues mientras de 1983 a 2016 la población aumentó 2 por ciento, la economía creció en 2.03 por ciento; algo muy distinto sucederá de 2018 a 2024, cuando la población aumentará en 1.7 por ciento y la economía en 4 por ciento. Es decir, se romperá la tendencia al estancamiento y la economía habrá crecido, en promedio, más de dos veces con respecto a la población.

En 2024 creceremos 6 por ciento; en ese año se estarán creando los empleos que se demanden por el ingreso de jóvenes al mercado de trabajo y se habrá consolidado el programa emergente de empleo y de becas para jóvenes promovido por el gobierno. Se tendrá más ocupación, menos desempleo, mejor especialización de la fuerza laboral, mayor demanda de mano de obra y, por ende, mejores salarios.

El campo producirá como nunca; a la mitad del sexenio alcanzaríamos la autosuficiencia en maíz y frijol y, en 2024, en arroz. Otro tanto ocurrirá con la carne de res, cerdo, aves y huevos, y será considerablemente menor la importación de leche. Estaremos exportando más frutas, verduras y hortalizas. En 2024 habrá mayor producción de papaya, café, plátano y cacao. En suma, la balanza comercial del sector agropecuario no será deficitaria como lo es ahora.

Tendremos reforestado todo el territorio nacional y garantizada la conservación plena de flora y fauna; habremos recuperado ríos, arroyos y lagunas; realizado obras de tratamiento de aguas negras y de desechos o basura, y la sociedad tendrá una mayor conciencia ecológica.

La población crecerá de manera pareja en todos los pueblos del territorio nacional; el regreso al campo será una realidad y la emigración pasará a formar parte de la historia, de una época ya superada. La gente estará trabajando donde nació, cerca de sus familiares, de su medio ambiente, con sus costumbres y cultura. Nadie, por necesidad, para mitigar su hambre y su pobreza, se verá obligado a abandonar su tierra natal.

Se tendrá una mejor distribución de la riqueza y del ingreso y los trabajadores habrán recuperado cuando menos 20 por ciento de su poder adquisitivo. Se habrá fortalecido el mercado interno y aunque sin lujos ni derroche, el grueso de la población no solo consumirá artículos de primera necesidad, como sucede ahora. Ningún mexicano padecerá de hambre y nadie vivirá en la pobreza extrema ni se quedará sin oportunidad de estudiar o sin asistencia médica y medicamentos. Los adultos mayores gozarán de pensiones justas y vivirán sin preocupaciones materiales y serán felices.

En 2024 la delincuencia organizada estará acotada y en retirada. Para entonces predominará la política de empleo y bienestar; los jóvenes no tendrán necesidad de tomar el camino de las conductas antisociales y se le quitará a la delincuencia la posibilidad de incorporar a sus filas a quienes, como ahora, no estudian ni trabajan.

Los índices delictivos serán 50 por ciento más bajos en comparación con el actual periodo de violencia; es decir, habrá menos homicidios dolosos, secuestros, robo de vehículos, robo a casas habitación y en el transporte público. Ya no será México el país de la violencia, de los desaparecidos y de la violación de los derechos humanos.

En 2024 no existirá la delincuencia de cuello blanco y estarán erradicadas por completo la corrupción política y la impunidad. Prevalecerá la honestidad y los servidores públicos serán vistos por la sociedad con respeto. Las instituciones no estarán secuestradas por ningún grupo de interés creado; será realidad la separación y el equilibrio de poderes y el pleno ejercicio de las libertades. Se contará con un auténtico Estado de Derecho.

En 2024, la compra del voto y el fraude electoral serán solo desagradables recuerdos para el anecdotario. En las elecciones celebradas a lo largo del sexenio se habrá demostrado con hechos el respeto al sufragio y a la voluntad ciudadana y estará muy avanzado el proceso para convertir en hábito la democracia.

En 2024 tendremos una sociedad mejor, no solo por lo que vamos construir entre todos y desde abajo en el plano de lo material, sino por haber creado una nueva corriente de pensamiento, por haber consumado una revolución de las conciencias que ayudará a impedir, en el futuro, el predominio del dinero, del engaño y de la corrupción, y la imposición del afán de lucro sobre la dignidad, la verdad, la moral y el amor al prójimo.

REFERENCIAS

1. Alejandro Desfassiaux. *37 meses sin respuestas. Mundo Ejecutivo*, enero 2016, p. 52.
2. Antonio Elías Balcázar. *Tabasco en sepia. Economía y sociedad, 1880-1940.* México, Universidad Juárez Autónoma de Tabasco, 2003, p. 222.
3. Roger D. Hansen. *La política del desarrollo mexicano.* México, Siglo XXI Editores, 2007, p. 166.
4. John W. F. Dulles. *Ayer en México. Una crónica de la Revolución (1919-1936).* México, Fondo de Cultura Económica, 1977, p. 11.
5. Tomando como base el valor de la mezcla mexicana de 37.07 dólares (sept. 2016).
6. http:www.eia.gov/tools/faqs/faq.cfm?id=29&t=6
7. http://www.eia.gov/petroleum/refinerycapacity/table1.pdf
8. Periódico *El Universal*, 9 de mayo de 2010.
9. Alfonso Taracena. *La verdadera revolución mexicana (1912-1914).* México, Editorial Porrúa, 2008, pp. 86-87.

10. Alfonso Taracena. *Historia extraordinaria de la Revolución Mexicana*. México, Editorial Jus, 1972, p. 62.

11. Alfonso Taracena. *La verdadera revolución mexicana...*, *op. cit.*, p. 11.

12. *Ibid.*, p. 12

13. *Ibid.*, p. 15.

14. *Ibid.*, p. 22.

15. *Ibid.*, p. 19.

16. *Ibid.*, p. 83.

17. *Ibid.*, p. 109.

18. *Ídem.*

19. *Ibid.*, p. 135.

20. *Ibid.*, p. 115.

21. José Vasconcelos. *Ulises Criollo*, Claude Fell (ed.), México, Conaculta, 2000, p. 474.

22. http://transparencia.org.es/wp-content/uploads/2016/01/comparacion_ipc-2007_a_2015.pdf

23. Conforme a la información contenida en el Tomo IX "Analítico de Plazas y Remuneraciones del Presupuesto de Egresos de la Federación 2016".

24. La información de los Acuerdos 7637 y 2763-Bis se obtuvo de una respuesta a la solicitud de información con número de folio 0210000053704 de fecha 21 de octubre de 2004, realizada por un ciudadano al entonces Instituto Federal de Acceso a la Información Pública (IFAI).

25. Ernesto Villanueva e Hilda Nucci. *Los parásitos del poder. Cuánto cuesta a los mexicanos mantener los privilegios de los expresidentes*. México, Ediciones Proceso, 2016.

26. Álvaro Delgado. "Los acuerdos secretos Peña-Calderón. Historia de un amasiato". México, Revista *Proceso* 2062, p.9.

27. Auditoría Superior de la Federación. Informe del Resultado de la Fiscalización Superior de la Cuenta Pública 2011. Auditoría de Inversiones Físicas: 11-0-11J00-04-0056.

28. En este apartado se utilizan promedios trianuales en diversos indicadores, a fin de reducir el efecto de factores climáticos en el análisis de los resultados del neoliberalismo en el campo mexicano.

29. Marie-Laure Coubès, "Tendencias recientes del empleo en la frontera norte". Estudio-ponencia. México, El Colegio de la Frontera Norte.

30. Isaac Sánchez-Juárez, Rosa María García. *Evaluación del crecimiento económico y empleo en la frontera norte de México: el papel de la inversión pública*. Chihuahua, Universidad Autónoma de Ciudad Juárez, 2016, p. 173.

31. Gerardo Esquivel Hernández. *Desigualdad extrema en México, Concentración del poder económico y político*. México, Iguales-Oxfam, junio 2015, p. 29.

32. Isaac Sánchez Juárez, Rosa María García. *Evaluación del crecimiento..., op. cit.*

33. Ralph Roeder. *Hacia el México moderno: Porfirio Díaz II*. México, Fondo de Cultura Económica, 1973, pp. 251-252.

34. Gerardo Esquivel Hernández. *op. cit.*, p. 32.

35. *Ídem*.

36. José Martí. "Oscar Wilde", en Oscar Wilde, *La decadencia de la mentira. La importancia de no hacer nada*, trad. de Miguel Guerra Mondragón, Madrid, Ed. América, año [n. d.], pp. 7-25.

9-25-19
MEYER -2-2-22
O   I (CONV)